T0197153

Die Piloten-Lernstrategie

Yannik Steineker

Die Piloten-Lernstrategie

Wie im Flug zum Lernerfolg
in Studium, Weiterbildung,
Ausbildung & Schule

 Springer

Yannik Steineker
Bremen, Deutschland

ISBN 978-3-662-64454-6   ISBN 978-3-662-64455-3   (eBook)
https://doi.org/10.1007/978-3-662-64455-3

Die Deutsche Nationalbibliothek verzeichnet diese Publikation in der Deutschen Nationalbibliografie; detaillierte bibliografische Daten sind im Internet über http://dnb.d-nb.de abrufbar.

Planung/Lektorat: Joachim Coch
Springer ist ein Imprint der eingetragenen Gesellschaft Springer-Verlag GmbH, DE und ist ein Teil von Springer Nature.
Die Anschrift der Gesellschaft ist: Heidelberger Platz 3, 14197 Berlin, Germany

Inhaltsverzeichnis

1

Willkommen an Bord

Willkommen zu Deinem Flug mit dem Zielort Lernerfolg. Ich freue mich, dass Du dieses Buch in den Händen hältst. Es wird Dein treuer Begleiter und Dich beim Erreichen Deiner Ziele unterstützen. Das gilt unabhängig davon, welches Lernen vor Dir liegt (Schule, Ausbildung, Studium, Weiterbildung). *Wieso* Du lernst, ändert nichts daran, *wie* Du am besten lernst.

Lernen ist unumgänglich. Das Aneignen neuen Wissens oder neuer Fertigkeiten ist Voraussetzung für jede Weiterentwicklung: die nächste Prüfung, den (nächsten) Abschluss, den nächsten Karriereschritt. Du kommst nicht vom Fleck, ohne dazuzulernen.

Gleichzeitig verknüpfen wir Lernen oft mit Qual. Wichtiger Stoff will nicht ins Hirn. Das nagende Gefühl, nicht voranzukommen, auf der Stelle zu treten. Der Prüfungstermin rückt näher, das Ende des Lernstoffes nicht. Vielleicht erlebst Du gerade eine solche Phase und liest deswegen diese Zeilen?

© Der/die Autor(en), exklusiv lizenziert durch Springer-Verlag GmbH, DE, ein Teil von Springer Nature 2022
Y. Steineker, *Die Piloten-Lernstrategie,*
https://doi.org/10.1007/978-3-662-64455-3_1

Das soll und muss nicht sein. Mit dem richtigen Vorgehen ist Lernen erfüllend und zielführend. Es löst keine Panik aus, sondern ist zu bewältigen. Am Vorabend der Prüfung entspannt sein, kurz die wichtigsten Punkte überfliegen und erfolgreich die Prüfung abzulegen, ist möglich. Wie das funktionieren kann, beschreibe ich Dir nachvollziehbar in diesem Buch.

Ich habe in meinem Leben bereits zu vielen Anlässen Dinge gelernt. Angefangen in der Schule, später im Studium, im Job, schließlich zur Vorbereitung auf und während meiner Ausbildung zum Piloten. Im Laufe der Jahre las ich stapelweise Bücher darüber, wie ich gut lernen kann. Wie lassen sich riesige Stoffmengen so verarbeiten, dass ich sie mir merken kann? Lerntechniken, Wiederholungsraten, Mindmaps – ich suchte den Masterweg, wie ich mit wenig Aufwand zum Genie werde. Auch wenn das (Achtung, Spoiler) nicht geklappt hat, Lernen klappt mittlerweile sehr gut. Große Stoffmengen bereiten mir kein Kopfzerbrechen mehr.

Neben der Effektivität, mir eine große Stoffmenge überhaupt merken zu können, spielte für mich bald die Effizienz eine Rolle: Wie schnell kann ich das? Ab dem dritten Semester im Studium arbeitete ich nebenher, meist in Teilzeit, phasenweise und am Ende in Vollzeit. Aus Freude am Pendeln (Lüge, erwischt) fuhr ich viel Zug, hatte nicht viel Zeit und lernte unterwegs.

Ich beschäftigte mich daher neben Lern- mit klassischen Arbeitstechniken, die für die Wirtschaft und weniger das Studieren erdacht wurden. Mit der Zeit entwickelte sich mein Tool-Koffer, der in der knappen Zeit meine Lernziele erreichbar machte.

In der Pilotenausbildung bot sich für diesen Tool-Koffer ein Härtetest. Die über 7000 DIN-A-4-Seiten fassenden Skripte ergaben gestapelt einen knappen Meter an Stoff. Es gab knapp 18.000 Vorbereitungsfragen für die theoretische Prüfung beim Luftfahrtbundesamt in 14 Fächern. Diese absolvierte ich an drei aufeinanderfolgenden Tagen in insgesamt 18 h Prüfungszeit. Alle Prüfungen habe ich im ersten Anlauf mit durchschnittlich 93 % bestanden. Das gelang mir dank der Lern- und Arbeitstechniken, die ich Dir in diesem Buch vermitteln möchte.

Während meiner praktischen Pilotenausbildung wurde mir klar, dass ein Lernprozess viele Parallelen zu einem Flug aufweist. Vieles, was ich beim Fliegen tue, lässt sich auf das Lernen übertragen und ist auch dort wichtig. Fokussiert und konzentriert die Phasen des Fluges bzw. Lernens abzuarbeiten. Sich Dinge zu merken und diese unter Stress und Druck abzurufen. Flexibel, besonnen und entschieden zu reagieren, falls etwas nicht wie geplant läuft.

Vielleicht verstehst Du, wieso mir Lernen am Herzen liegt. Es ist, was ich in meinem bisherigen Leben am meisten getan habe. Schlussendlich überlegte ich: Wie hätte ein Buch über das Lernen ausgesehen, welches ich zu Beginn meines Lernens hätte lesen wollen? Was hätte mir die Lektüre der vielen Bücher erspart?

Ich werde Dir zeigen, was für mich funktioniert und was ich mir über meine Jahre des Lernens erarbeitet habe. Damit Du es für Dich nutzen kannst. Ich werde Dir auch beschreiben, wo(mit) ich auf die Nase gefallen bin. Damit Du diese Fehler vermeiden kannst.

Ich werde Dir zeigen, wie Du Deinen Lernprozess vom Schreibtisch aus strukturierst wie einen Flug vom Cockpit aus. Damit Dein Lernen frustfreier verläuft und Du Deinen Lernerfolg wie im Flug erreichst.

Ein Flug gliedert sich chronologisch in den Start und Steigflug, den Reiseflug, den Sinkflug, den Anflug und die Landung. Für jede Flugphase gibt es ein Kapitel im Buch. Zu Beginn jeden Kapitels beschreibe ich, was in dieser Flugphase während eines echten Fluges passiert. Anschließend schauen wir uns an, was das für Deinen Lernflug bedeutet.

Du wirst starten und im Steigflug den Stoff erarbeiten, bis Du Deine gewünschte Flughöhe (= Stoffmenge) erreichst. Im Reiseflug wirst Du den erarbeiteten Stoff lernen und, sobald die Prüfung näher rückt, mit dem Sinkflug beginnen. Während des Anfluges festigst Du den Stoff, sodass der erfolgreichen Prüfung (= Landung) nichts mehr im Wege steht.

Ich empfehle Dir, dieses Buch zunächst komplett zu lesen. Anschließend kannst Du den Abschnitten detailliert folgen und Schritt für Schritt Deinen Lernflug durchführen. Am Ende jedes Kapitels findest Du eine Zusammenfassung und konkrete Schritte, die Dir Vorschläge zum Einstieg machen.

Noch eine Anmerkung: Du wirst in Deinem Studium neben dem Lernen noch zahlreiche Dinge erledigen müssen. Zum Beispiel Texte lesen und schreiben, Präsentationen erstellen und halten oder Versuche durchführen. Das alles kann nicht Inhalt dieses Buches sein, hier geht es um eine Sache: Vorhandenen Stoff strukturiert zu lernen und in einer Prüfung und/oder dem Alltag abzurufen.

Alles, was ich schreibe, beruht auf bestem Wissen und Gewissen. Haftung für eingetretene Folgen oder Nicht-Folgen aus der Umsetzung meiner Ratschläge sowie Irrtümer kann und werde ich dennoch nicht übernehmen. Es ist (mancher wird sagen: zum Glück) zudem kein wissenschaftliches Buch. Es sind hauptsächlich meine eigenen Erfahrungen und Ansichten, die ich hier schildere. Nicht mehr, aber auch nicht weniger.

Und jetzt: Fasten your seatbelts, tables in upright position. Dein Flug zum Lernerfolg beginnt!

Das Kapitel in Kürze

- Mit dem richtigen Vorgehen ist Lernen erfüllend und zielführend.
- Ich stelle Dir meinen (in Schule, Studium, Beruf und Pilotenausbildung gefüllten) Tool-Koffer vor, der Deine Lernziele erreichbar macht.
- Wir werden Deinen Lernprozess strukturieren, wie einen Flug vom Cockpit aus: Start, Steigflug, Reiseflug, Sinkflug, Landung.

2

(Kurze) Pilotenausbildung: Dein Mindset

Bevor wir Deinen Lernflug durchführen, erhältst Du von mir eine kurze Pilotenausbildung. Du hast – keine Sorge – das Glück, dass diese Ausbildung keine Jahre dauern wird. Für Lernflüge brauchen wir keine umfangreichen technischen Inhalte oder Luftrecht. Wir fokussieren uns auf Deine gedankliche Einstellung, Dein Mindset. Das ist eine wichtige Grundlage für den gesamten Lernprozess und die gelingende Anwendung der Lerntechniken.

2.1 Du bist der Pilot in Command

An Bord eines Luftfahrzeuges gibt es, wie auf einem Schiff, eine Hierarchie mit Rängen. Den höchsten Rang trägt der Kapitän als verantwortlicher Luftfahrzeugführer, als Pilot in Command. Er muss für die Sicherheit aller an Bord befindlichen Personen sowie des Luftfahrzeugs Sorge tragen und dafür geeignete Maßnahmen ergreifen. Dazu

© Der/die Autor(en), exklusiv lizenziert durch Springer-Verlag GmbH, DE, ein Teil von Springer Nature 2022
Y. Steineker, *Die Piloten-Lernstrategie,*
https://doi.org/10.1007/978-3-662-64455-3_2

ermächtigt ihn seine Bordgewalt, die in Deutschland im § 12 Luftsicherheitsgesetz geregelt ist. Hier heißt es: „Der verantwortliche Luftfahrzeugführer darf die erforderlichen Maßnahmen treffen, um eine […] bestehende Gefahr für Personen […] oder für das Luftfahrzeug selbst abzuwehren."

Die Rolle als Flugzeugführer beinhaltet das Recht und die Pflicht, von Vorgaben abzuweichen, sofern nötig. Stell Dir Folgendes vor: Ein Pilot bekommt eine Flughöhe zugewiesen und stellt fest, dass er mit einem Berg kollidiert, wenn er nicht steigt oder die Richtung ändert. Also wird er steigen und/oder die Richtung ändern (und der Flugsicherung Bescheid geben, natürlich).

Was hat das mit Dir zu tun? Du bist der Pilot in Command für Dich und Deinen Lernflug. Mach Dir bewusst, dass Du am Steuer sitzt. Du bist dafür verantwortlich, sicher am Zielort anzukommen. Es ist Dein Ziel, Dein Weg, Dein Prozess, Deine Verantwortung.

Auch Du musst Bergen ausweichen. Diese verstecken sich manchmal geschickter als ein echter Berg im Nebel. Heute findet ein Seminar statt, morgen ist die wichtigste Klausur Deines Lebens und Du musst noch lernen? Der Berg ist eine verhauene Klausur, die vorgegebene Flughöhe der Kalendereintrag mit dem Seminar. Triff eine Entscheidung (vermutlich: Das Seminar kommt ohne Dich aus). Wichtig ist, dass Du bewusst entscheidest. Versuche nicht, beides hinzubekommen und schaffe am Ende keines von beidem (weil Du weder für die Klausur gelernt noch im Seminar geistig anwesend warst).

Das gilt auch für die Inhalte dieses Buches. Sobald etwas für Dich nicht funktioniert, fühle Dich frei, abzuweichen, Deine eigenen Techniken zu entwickeln und zu verwenden.[1]

Ein guter Pilot in Command, wie Du es im Begriff zu werden bist, handelt vorausschauend. Er agiert, statt auf etwas zu warten, worauf er *re*agieren muss.

» Warte nicht, bis etwas brennt, was Du löschen musst, sondern verhindere den Brand.

Während eines Fluges wird zum Beispiel regelmäßig der Treibstoffverbrauch kontrolliert und so werden Abweichungen von der Planung frühzeitig erkannt. Wenn absehbar wird, dass der Flug nicht wie geplant funktioniert, muss dieses Problem angegangen werden. Es wäre keine gute Idee, mit dem Gedanken „Passt schon" solange weiterzufliegen, bis kaum noch Treibstoff da ist, um dann notzulanden. Vielleicht ist das, je nach Region, auch gar nicht (mehr) möglich.

Übertragen auf das Lernen schauen wir uns dazu folgendes Beispiel an: Du lernst fleißig und schaffst von einem klausurrelevanten Buch mit zwölf Kapiteln jede Woche eines. Wunderbar, falls Du bis zur Klausur zwölf Wochen Zeit hast. Ist die Prüfung früher, ist das ein Problem, zumindest wirst Du das Buch in dem Tempo nicht schaffen. Je früher Du das erkennst, desto mehr Optionen hast Du zur Lösung zur Verfügung. Du

---

[1] Hier empfehle ich Dir Fingerspitzengefühl. Neues funktioniert selten gleich und geht direkt leicht von der Hand (darauf kommen wir in Kürze zu sprechen). Sage nicht zu früh „Das ist nichts für mich", nur weil etwas ungewohnt ist oder schwerfällt.

könntest jede Woche ein halbes Kapitel mehr durchgehen, in Ruhe schauen, ob alle Kapitel relevant sind … Kontrollierst und/oder änderst Du nichts, wirst Du am Tag vor der Klausur feststellen, dass Du das Buch nicht schaffst. Nun bist Du gezwungen, auf eine ungünstige Situation zu reagieren und hast nur begrenzte Zeit und Optionen zur Verfügung. Manövriere Dich an so ungünstigen Lagen vorbei, indem Du vorausschauend handelst.

2.2   Marathon

In Filmen oder Serien ist die Darstellung von erfolgreichem Lernen oft: Lange Zeit wird überhaupt nicht gelernt. Dann rückt die Klausur bedrohlich nahe, noch zwei Tage. In einem Erwachensmoment findet die Figur ihre Motivation und/oder ihr Selbstvertrauen (wieder) und vergräbt sich in einer Schnittmontage zwischen Pizzakartons, zerknüllten Seiten, vollgeschriebenen Tafeln, reihenweise aufgeschlagenen Büchern in der Bibliothek, Küche, Badewanne und Seminarräumen. Am Ende wird die Prüfung abgelegt und, großer Triumph überrollt die Leinwand, bestanden.

Ich gucke diese Filme gerne, das Stillstand-Sprint-Sieg-Prinzip beeindruckt. Beim Übertrag in die Realität gibt es Einschränkungen. Sich zwei Tage vor der Klausur mit dem Stoff zu beschäftigen, diesen in das Prüfungsblatt zu erbrechen und die Prüfung zu bestehen, ist möglich. Dafür hat sich die Bezeichnung „Bulimie-Lernen" etabliert. Doch *wirkliches* Lernen funktioniert nicht so — zumindest nicht, wenn es nachhaltig sein soll.

In einem Experiment lernten 52 Studierende 20 Französisch-Vokabeln (Bloom und Shuell 1981). Die Hälfte lernte 30 min und schrieb im Anschluss einen Test, die andere Hälfte an drei aufeinanderfolgenden Tagen jeweils 10 min und schrieb den Test. Die absolute Lernzeit beider Gruppen betrug also 30 min, in einem Block oder auf drei Blöcke verteilt.

Nun wurden die Testergebnisse beider Gruppen verglichen: Kein Unterschied, beide Gruppen erinnerten im Schnitt gute 16 Worte korrekt. Spannend wurde es bei dem zweiten Test, der vier Tage später stattfand. Hier schnitt die Gruppe, die in drei Blöcken verteilt gelernt hatte, deutlich besser ab. Sie konnte sich an 15 Worte korrekt erinnern, die andere Gruppe nur noch an 11. Die Gruppe mit nur einem Lernblock hatte bereits vier Tage später gute 30 % ihres erarbeiteten Wissens eingebüßt. Die Gruppe mit verteilten Lernblöcken hingegen nur knappe 10 %.

Was die Filme nicht mehr zeigen, ist, dass die Figuren mit ihrem Wissen etwas anfangen müssen (zum Beispiel als Anwalt arbeiten und auf entsprechendes Fachwissen zurückgreifen). Das wäre auch niederschmetternd, denn mit „Bulimie-Lernen" ist egal, ob eine 1,3 auf dem Notenpapier stand. Ein paar Wochen später ist alles vergessen. Nicht Sinn der Sache, oder?

Ein realistischer Film würde die Hauptfigur über Wochen hinweg zeigen, wie sie Buchkapitel erarbeitet und Stoff wiederholt. Sie kommt nicht wirklich aus der Puste, denn so zu lernen erschöpft nicht bis an die Grundfesten. Ein Privatleben hat die Figur auch noch, denn sie hat genügend Zeit neben dem Lernen. Die Prüfung besteht sie, kann sich den Stoff sogar für später merken. Klar vergisst sie einige Details und wird diese später bei der Arbeit googeln, aber sie kann auf das Wissen zugreifen. Wäre nicht so erfolgreich als Kinofilm, oder? Aber erfolgreich im wahren Leben.

Um Stoff zu durchdringen, ihn gut abzuspeichern und auch später (nach der Prüfung) abrufen zu können, ist

Zeit nötig. Nicht, weil es absolut mehr Lernzeit benötigt, sondern weil sich die Lernzeit auf einen längeren Zeitraum verteilt. Der Kopf braucht mehrere Wiederholungen und Pausen, um etwas wirklich zu lernen.

Wir gehen später genauer auf die Wiederholung von Lernstoff ein. Was Du an dieser Stelle für Dein Mindset mitnehmen sollst: Konsistenz ist ein Schlüssel zum Erfolg. Es geht darum, über längere Zeit Leistung zu erbringen, die ins Ziel führt; ähnlich einem Marathon. Das ist beim Lernen als auch beim Fliegen wichtig. Stell Dir vor, Dein Pilot brächte beim Start eine gute Leistung und wäre dann so erschöpft, dass er den Rest des Fluges vergeigte?

» **Es gilt, eine konstante Leistung zu bringen, die an bestimmten Punkten und/oder bei Bedarf gesteigert wird.**

Das bietet Dir diverse Vorteile. Wenn Du kontinuierlich lernst, bereits während des Semesters oder Schuljahres, kannst Du das Wissen, was vermittelt wird, besser aufnehmen. Du hast viel Zeit übrig und zur Verfügung, auf Unvorhergesehenes einzugehen. Viel wichtiger und hinsichtlich der Note ein echter Einflussfaktor: Du bist in der Prüfung(-szeit) entspannt. Du weißt, was Du kannst und kannst Dich fokussieren. Du gerätst nicht aus der Bahn, weil Dir alles über den Kopf wächst und Du keine Ahnung hattest, wie umfangreich der Stoff ist.

Konsistenz hat einen weiteren Vorteil: Du kannst Dir Aussetzer erlauben. Schließlich kann niemand jeden Tag schaffen, was er/sie sich vorgenommen hat. Wie bitte?

Ist das nicht ein Widerspruch? Nur bedingt, lass es mich erklären.

Angenommen, Du machst eigentlich jeden Tag Sport, hast an zwei Tagen keine Lust und lässt es. Dann hast Du immer noch an fünf Tagen dieser Woche Sport gemacht. Nimmst Du Dir hingegen zwei Mal vor und hast an zwei Tagen keine Lust und lässt es – schlechte Bilanz, oder?

Genauso schaut es mit dem Lernen aus. Wenn Du über ein Semester lang jeden Tag lernst, ist es egal, dass Du zwei Tage vor der Klausur spontan zum Baggersee fährst. Du kommst weiter, wenn Du jeden Tag 60 % gibst und das mal sein lässt, als einmal in manchen Wochen 300 %. Dein Lernflug ist ein Marathon, kein Sprint.

Der Nachteil ist, dass ein Marathon dauert und die Strecke lang ist. Es kann unterwegs der Eindruck entstehen, dem Ziel nicht näher zu kommen und eine unüberwindbare Strecke vor sich zu haben. Die Gefahr ist groß, auf das große Ganze zu schauen. Das demotiviert, sofern Du noch nicht kurz vor dem Ende stehst.

Ich saß oft frustriert da. Ich hatte den ganzen Tag gearbeitet und gerade das Kapitel fertiggestellt. Ein Kapitel von zwölf. In einem Modul von sechs. Es noch nicht mal fertig gelernt, sondern lediglich auf Karteikarten geschrieben. Wie sollte das jemals was werden, das sind gerade mal wie viel Prozent, zwei?

Ich neigte dazu, mich davon runterziehen zu lassen und generell sind meine Leistungen mir selten gut genug. Aber ich musste lernen, dass das nirgendwo hinführt.

» 100 % ergeben sich aus 100 Mal 1 % und jedes einzelne Prozent aus vielen, vielen kleinen einzelnen Schritten.

Daran führt kein Weg vorbei.

Lass Dich nicht entmutigen. Du solltest Dein Ziel vor Augen haben, aber Deinen Erfolg daran messen, wie viele Schritte hinter Dir liegen. Ich versuche (meist erfolgreich), einen Schritt zu gehen und dann zu fragen: „Klasse, welcher Schritt jetzt?" Irgendwann bin ich da und erspare mir das Leid, ständig daran zu denken, wie lange das noch dauern wird.

2.3   Alles ist schwer, bevor es leicht wird

Als ich das Abitur schrieb, konnte ich mir kaum vorstellen, jemals eine schwierigere Prüfung absolvieren zu müssen. So viel würde ich wohl nie wieder lernen, nie wieder schreiben müssen. Falsch gedacht. Im Studium galt es, ordnerweise Skripte zu lernen, Hausarbeiten zu schreiben, Präsentationen zu erstellen. „Nun ist aber wirklich Ende", dachte ich. Als ich in der Pilotenausbildung steckte, stellte ich fest, dass ich mich erneut geirrt hatte. Rückblickend empfand ich das Studium nun leicht, zumindest im Vergleich zu dem Berg an Theoriestoff, der vor mir lag. Es ist davon ausgehend zu erwarten, dass der Tag kommt, an dem ich an die Ausbildung zurückdenke und diese im Vergleich zur dann anstehenden Herausforderung als leicht empfinde.

Wir entwickeln uns weiter. Was früher (ohne meine Fähigkeiten von heute) schwerfiel, wäre es nun nicht mehr. Alles ist schwer, bevor es leicht wird. Schöne Phrase, oder?

Doch dann gelangte ich zu einer Erkenntnis, die mir (und Dir in Zukunft hoffentlich auch) viel Kraft geben sollte. Denn daraus folgt:

» Alles wird irgendwann leicht.

Je mehr Du Dich mit diesem Etwas beschäftigst, desto schneller. Die schwere Anfangszeit, die musst Du nur überwinden.

Diese Erkenntnis wirkt auf mich deshalb so kraftspendend, weil sie der aktuellen Schwere die Bedrohlichkeit nimmt. Es fällt zwar derzeit schwer, doch schon sehr bald nicht mehr. Mir gibt diese Vorstellung viel Kraft, im aktuellen Augenblick mein Bestes zu geben, weil ich weiß, dass es sich später auszahlt. Weil es dann leichter wird.

Mit jedem frustrierten Klick im Bibliothekskatalog, bei dem das Buch (erst mal) einfach nicht zu finden ist, wirst Du besser. Das nächste Buch findest Du schneller. Am Anfang brauchst Du drei Stunden, um einen Stapel Bücher in der Bibliothek zu finden, am Ende des Studiums 15 min. Mit jeder erarbeiteten Zeile eines Lehrbuchs wirst Du besser, die nächste Zeile verstehst Du schon leichter. Am Anfang brauchst Du drei Stunden für ein Buchkapitel, am Ende des Studiums nur noch eineinhalb.

Das hat Auswirkungen auf viel später: Sitzt Du nach der Lernzeit im Job und sollst etwas recherchieren, ist es egal, ob Du wieder vor einer wissenschaftlichen Datenbank oder vor Google sitzt: Die dahinterliegende Kompetenz ist die gleiche. Über die vielen Recherchestunden im Studium fällt es Dir nun leicht. Nutzt Du die Zeit im Studium nicht (gibst zum Beispiel frustriert auf), wirst Du es im Job lernen müssen – warum die Zeit vergeuden, die Du im Studium hast? Im Unternehmen hast Du (hoffentlich) Besseres zu tun.

Wenn Lernen anstrengend ist, weißt Du, dass es funktioniert. Es ist wie beim Sport: Du setzt Deinen Körper neuen Reizen aus, die er verarbeiten und bewältigen muss. Das strengt an und macht müde. Doch so lernt der Körper dazu und wird besser. Das gleiche Work-out ist schon bald nicht mehr so anstrengend. Die Anstrengung hilft Dir, besser zu werden. Du würdest nicht erwarten, mit einem entspannten Spaziergang alle zwei Wochen im nächsten Jahr einen Marathon in Bestzeit zu laufen. Warum sollte das beim Lernen funktionieren?

Wenn Du Anstrengung und vermeintlich schwere Dinge scheust, holt Dich das ein. Direkt beim Lernen, denn Dir fehlen die Erfahrungswerte und für Dich wird es nicht irgendwann leichter. Später im Beruf, weil Du die Chance vertan hast, wichtige Kompetenzen zu erwerben.

Also: Mach Deinen Kram, mache ihn so gut Du kannst, mache ihn einfach weiter, auch wenn es am Anfang schwer ist. Schelte Dich nicht, dass es Dir schwerfällt, sondern ertrage es dankbar als Kaufpreis dafür, dass Du es später schaffen wirst.

Das ist insbesondere während Durststrecken wichtig, wenn Dich Themen erwarten, die keinen Spaß machen oder nicht schaffbar scheinen. Die gibt es ganz bestimmt, selbst wenn Dein Ziel noch so attraktiv gewählt (siehe Kap. 3) und Dein Lernvorhaben das richtige für Dich ist. Um am Ende zu tun, was Spaß macht, gibt es voraussichtlich auf dem Weg Dinge zu erledigen, die damit herzlich wenig zu tun haben.

Dass ich in der Personalabteilung Spaß hatte, hieß nicht, dass mir die Grundlagen-Module zu Physiologie im Wirtschaftspsychologie-Studium Spaß gemacht hatten. Dass ich Fliegen liebe, heißt nicht, dass mir die Ausbildungsinhalte zu Elektrik Spaß gemacht haben. Dass Du Marketing liebst, heißt nicht unbedingt, dass Du die drei Statistik-Module in Deinem Studienplan liebst.

In diesen Phasen hilft nur durchzuhalten. Schneller, als Du glaubst, wird die große Hürde ein kleines Stolpersteinchen.

2.4   Details sind Freunde

Je detailreicher Du etwas verstehen möchtest, desto mehr Arbeit kostet Dich das. Also am besten auf Details verzichten? Nein. Details sind deutlich besser als ihr Ruf und eher Deine Freunde als Feinde. Das hat mehrere Gründe.

Erstens kann es prüfungsrelevant sein, konkrete Werte und im Detail liegende Unterschiede zu kennen. Erschwerend kommt hinzu, dass für manchen Professor „Details" bei der vierten Nachkommastelle beginnen und die Zahlen bis dahin im groben Verständnis als bekannt vorausgesetzt werden. Unterschätze darüber hinaus nicht, dass auch für Klausuren, zu denen Kommilitonen sagen „Ne, da muss man nur ein bisschen das Konzept beschreiben, alles easy" *mindestens beim Lernen* Details nötig sind.

Denn (zweitens) helfen Details, langfristige Erinnerungen aufzubauen und das darüberstehende Konzept zu verstehen. Das Konzept ist, bildlich gesprochen, ein Haus, das auf einem Fundament aus vielen kleinen Einzelinformationen fußt. Je besser Du letztere lernst, desto stabiler wird das Fundament und damit das Haus. Falls Du Dich später nicht mehr an alle Details bewusst erinnern kannst, macht das nichts – das Haus steht weiterhin sicher.

Ich kann mich zum Beispiel gerade nicht erinnern, *wie* der Korrekturfaktor zur Berechnung der benötigten Landedistanz bei einer kommerziell genutzten kleinen Propellermaschine auf einer trockenen Graspiste ist (Detail, Fundament). Doch erinnere ich mich sehr gut daran, *dass* es diesen Faktor gibt (Konzept, Haus). Ich habe den Wert viele Male in einer Tabelle nachgeschaut, bis ich ihn irgendwann sicher auswendig konnte. Mein Hirn ist also oft einen Weg zum Detail gegangen und hat dabei automatisch gelernt, *dass* es diesen Weg überhaupt gibt. Auch wenn der genaue Wert (ich habe nachgeschaut, 1.15) vergessen wird, der Weg bleibt.

Drittens gilt für das Lernen wie für alles andere auch: Je mehr Du es tust, desto besser wirst Du.

> » Jedes Detail ist Training für Deinen Kopf in der Disziplin „speichern, behalten, abrufen".

Er gewöhnt sich an diesen Prozess. Je mehr Dinge Du weißt, desto besser kannst Du neue Dinge lernen, auch weil Du immer mehr Anknüpfungspunkte für neues Wissen im Kopf hast.

2.5 Fokus

Fokus meint, sich auf die relevanten Dinge zu konzentrieren und die irrelevanten auszublenden. Damit ist verbunden, wie gut Du Deine Aufmerksamkeit lenkst. Du und Dein Hirn müsst zunächst bestimmen, was die relevanten Dinge sind. Das ändert sich je nach Aufgabe, ist uns aber meist bewusst (zum Beispiel Dein Lehrbuch und Dein Notizzettel beim Lernen, nicht Instagram). Anschließend (meist schwieriger) müssen Du und Dein Hirn die Aufmerksamkeit steuern und alles ausblenden, was nicht relevant ist (Instagram). Warum fällt uns das schwer?

Dein Kopf filtert in jedem Moment alle Reize, die auf ihn einströmen: Muss ich reagieren? Bedeutet das etwas für mich? Droht Gefahr? Evolutionär sind wir bei diesem Filterprozess darauf ausgerichtet, einmal mehr als einmal zu wenig zu reagieren. Beim Beerenpflücken war es besser, ein Knacken im Unterholz als Gefahr einzustufen, statt sich den Beeren zu widmen, bis ein Bär dem Beerenschmaus ein Ende bereitet hätte.

Die moderne Welt ist voller Reize. Einer Studie aus dem Jahr 2012 zufolge erreichen uns jeden Tag 34 Gigabyte an Informationen (Bohn und Short 2012). Es knackt also ständig im Unterholz. WhatsApp meldet Nachrichten, Spiegel-Online ebenso, auf dem Weg zur Bibliothek sehen wir dreißig Plakate für fünfzehn Initiativen, bei denen wir uns engagieren sollen.

» Zu alldem muss der Kopf sagen „Nein, danke", sofern wir uns auf unsere Aufgaben konzentrieren wollen.

Das ist aufgrund unserer evolutionären Anlagen nicht leicht, auch wenn die meisten Reize heute für viele Menschen auf der Erde keine Lebensgefahr bedeuten.

Wir sind soziale Wesen und wollen dabei sein, wollen nichts verpassen. Evolutionär sinnvoll, Verpassen könnte den Tod bedeuten. Den räumlichen oder sozialen Anschluss an die Gruppe zu verlieren, wenn Überleben allein unmöglich ist – eine zu vermeidende Sache.

Durch die Omnipräsenz des Smartphones hat sich dieses sinnvolle Grundbedürfnis übersteigert. Wir ertragen es nicht, dass die WhatsApp-Gruppe ohne uns vor lustigen Nachrichten überschwappt, wollen keine Nachricht ignorieren, die uns zur potenziell besten Party unseres Lebens einladen könnte. Das Verlangen ist groß, jede Nachricht sofort zu prüfen. Es wird zunehmend schwieriger, das Knacken im Unterholz zu ignorieren. Wir haben unbewusst aus der Evolution Angst vor dem Raubtier und bewusster die Angst zu Verpassen. In der Konsequenz greifen wir (wenn wir nicht grad schlafen) durchschnittlich alle 18 min zum Smartphone (Markowetz zit. n. Duke und Montag 2017).

Das wäre nicht schlimm, würden Ablenkungen wie das Smartphone uns nicht von dem wegführen, was wir erreichen wollen. Wie das Wort bereits andeutet, sind wir auf einem Weg und dann *lenkt* uns etwas von diesem Weg *ab.*

Wusstest Du übrigens, dass wir unser Smartphone nicht einmal benutzen müssen, damit es uns ablenkt? Eine Studie fand heraus, dass unser Arbeitsgedächtnis und unsere Intelligenz beeinträchtigt werden, wenn sich unser Smartphone nur bei uns befindet (Ward et al. 2017). Die Forscher verglichen drei Zustände miteinander: Smartphone auf dem Tisch, in der Tasche und in einem anderen Raum. Je weiter das Smartphone weg war, desto besser für Arbeitsgedächtnis und Intelligenz (siehe Abb. 2.1). Spannenderweise galt das selbst, wenn es ausgeschaltet, also ein Klingeln nicht zu erwarten war.

Begründen lässt sich das damit, dass unsere Aufmerksamkeit und kognitive Leistungsfähigkeit begrenzt sind. Auf je mehr Aufgaben wir sie verteilen, desto weniger Aufmerksamkeit und Fähigkeiten bleiben pro Aufgabe übrig: Die Leistung nimmt ab. Aber das Smartphone

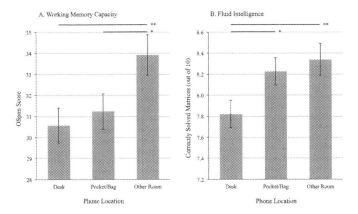

Abb. 2.1 Wirkung des Aufbewahrungsortes des Smartphones auf Arbeitsgedächtnis und (fluide) Intelligenz (Ward et al. 2017, S. 145)

lag in der Studie nur da und wurde nicht benutzt, wieso hat sich die Leistung verschlechtert? Die Forscher haben dazu folgende Idee (vgl. Ward et al. 2017, S. 143). Wir sind sehr daran gewöhnt, das Smartphone „zu checken". Daher entsteht, wenn das Smartphone bei uns ist, der Impuls, es zu beachten. Sind wir gerade mit anderem beschäftigt, müssen wir diesen Impuls unterdrücken. Das kostet Energie und die fehlt uns zur Bearbeitung unserer Aufgabe(n).

Das Fiese ist, dass wir uns all dem kaum bewusst sind. So gaben direkt nach dem Experiment 76 % der Teilnehmer und Teilnehmerinnen an, das Smartphone habe ihre Leistung „gar nicht" beeinflusst.

Dass unser Hirn auf das Smartphone abfährt, liegt an einem sehr mächtigen, grundlegenden psychologischen Mechanismus: der Belohnung. Das Prinzip der Belohnung wurde bereits Anfang des 20. Jahrhunderts von

Psychologen erforscht. Es stellte gemeinsam mit anderen Effekten eine erste Erklärung dar, wie ein Verhalten erlernt wird.[2]

Der Psychologe B. F. Skinner führte Versuche mit Ratten durch. Zeigte die Ratte ein bestimmtes Verhalten (sie lief zum Beispiel einen Kreis im Käfig), bekam sie Futter als Belohnung, erlebte also etwas Positives. Skinner fand heraus, dass die Ratte daraus lernte. Mit jeder Belohnung lief sie wahrscheinlicher erneut zeitnah einen Kreis – um eine weitere Futterpille zu erhalten.

Das gleiche Prinzip wirkt beim Menschen. Sagt ein Mensch zum Beispiel etwas Richtiges im Unterricht und erhält dafür Lob als Belohnung, erlebt er etwas Positives. Seine Motivation steigt, zeitnah wieder etwas Richtiges zu sagen, um erneut das mit Lob und Anerkennung verbundene positive Gefühl zu erleben.

Schauen wir uns an, wie Belohnungen im Smartphone wirken. Du scrollst zum Beispiel durch einen Social Media Feed (Verhalten) und siehst ein richtig cooles Video (Belohnung). Dein Hirn verknüpft das Scrollen durch den Feed mit diesem positiven Gefühl. Je häufiger Du das erlebst, desto häufiger willst und wirst Du es tun. Die Wahrscheinlichkeit, dass Du weiter oder bald erneut durch den Feed scrollst, steigt.

Oft finden wir aber auch nichts Cooles, wirst Du einwenden. Gelangweilt durch den ganzen Feed gescrollt und nichts gefunden, das macht schlechte Laune – müsste sich das nicht aufheben? Nein, paradoxerweise nicht. Im Gegenteil, es verstärkt die Wirkung.

---

[2] Es ist *eine verhaltenstheoretische* und nicht *die* Erklärung, wie Verhalten erlernt wird. Sie trifft nicht auf jedes Lernen zu. In diesem Buch ist weder möglich noch zielführend, die Grundlagen der Lernpsychologie umfassend oder gar vollständig abzubilden.

Erhalten Ratte oder Mensch nach anfänglichen Erfolgserlebnissen nicht jedes, aber jedes x-te, Mal eine Belohnung, steigt die Wahrscheinlichkeit stärker an. In der Hoffnung, dass es (endlich wieder!) eine Belohnung gibt, wird das gelernte Verhalten fortgesetzt. Mit der Zeit ertragen wir immer längere Zeitspannen ohne Belohnung, so gefestigt (psychologisch: „konditioniert") ist das Verhalten. Das kann erschreckende Ausmaße annehmen. Konditioniert man mithilfe variabler Belohnung eine Taube, auf eine bestimmte Stelle zu picken, tut sie dies irgendwann problemlos 12 000 Mal – ohne eine Belohnung zu erhalten (Gerrig und Zimbardo 2008, S. 216).

Aufgrund dessen wird es uns selbst bei einem langweiligen Feed nicht zu öde, sondern wir klicken fleißig weiter. Denke einmal an Glücksspielautomaten. Die funktionieren nach demselben Prinzip. Letztendlich wirkt das Smartphone auf das Hirn wie ein Glücksspielautomat, der den großen Gewinn verspricht, wenn man ihn nur oft und lange genug benutzt. Der nächste Post könnte Deine Welt verändern! Während ein Glücksspielautomat nur eine Belohnung auswerfen kann (Geld), kann das Smartphone das und noch viel mehr: E-Mail mit einem lang ersehnten Jobangebot, Tinder-Match, WhatsApp-Nachricht, Likes bei Instagram, schockierende Promi-Fotos …

Ein simples psychologisches Prinzip entfaltet im Smartphone eine wahrlich soghafte Wirkung. Vieles in Dir will ständig zum Smartphone und sobald Du es nutzt, will Vieles in Dir es nicht weglegen. So vergeht die Zeit und Du hast zwar viel getan, aber nichts geschafft. Erst recht nicht, was Du Dir vorgenommen hast.

Also gar nicht gut, aber auch gar nicht einfach zu ändern. Das Smartphone wegzuwerfen, auf ein Nokia 6210 zu wechseln oder dem digitalen Fortschritt ganz zu entsagen wäre möglich, aber mal ehrlich – wer will das? Smartphones sind fantastisch. Sie ermöglichen uns den Kontakt zu Familie und Freunden, (fast) egal wo. Sie bringen viel Positives in unser Leben und können uns gerade mit ihren smarten Funktionen produktiv sein lassen. Wir müssen nur sicherstellen, dass ihre negativen Aspekte uns nicht überrollen und uns ständig von unseren Zielen ablenken. Wir müssen sicherstellen, dass wir sie benutzen, und nicht sie uns. Lass uns die dafür nötigen Rahmenbedingungen schaffen.[3]

Fokus ist am ehesten in einer ordentlichen und störungsfreien Umgebung möglich. Ich kann keinen laserscharfen Fokus erwarten, wenn alle zwei Sekunden eines der drei Handys auf dem Tisch klingelt und neben mir im McDonald's ein Kindergeburtstag das Bälle-Bad sukzessive nach draußen verlegt.

Die möglichen Ablenkungen im Cockpit heißen nicht Instagram oder WhatsApp (Piloten schalten übrigens ihre privaten Geräte in den Flugmodus, bevor das Flugzeug rollt). Doch ist man sich der Gefahr durch ablenkende Gespräche und Tätigkeiten bewusst. Im Cockpit gibt es daher das „Sterile Flight Deck Concept", ein Konzept für ein steriles Cockpit. Die Sterilität meint, dass unterhalb von 10 000 Fuß (ca. 3000 m) Flughöhe die Crew nur tut, was für den Flug notwendig ist. Es werden keine verschiebbaren Aufgaben ausgeführt und keine Privatgespräche geführt. Damit ist klar, worauf der Fokus liegt: Das Flugzeug in Bodennähe sicher zu führen.

Selbstverständlich sind die Piloten unabhängig der Flughöhe auf das Flugzeug fokussiert, auch wenn mal

---

[3] Der Einfluss von Smartphones und Social Media ist weitreichend und dementsprechend umfangreich sind mögliche Lösungsansätze. Im Folgenden fokussiere ich mich auf den Schritt, Deine Arbeitszeit vor Ablenkung zu schützen. Falls Du weitergehen/-lesen möchtest, schau einfach in die Empfehlungen am Ende des Kapitels.

über Privates gesprochen wird. Bei Bedarf lässt man das Gespräch kurzerhand sein. Wozu dann dieses Konzept? Es gibt den Gehirnen aller Beteiligten ein klares und unmissverständliches Signal, dass jetzt kein Raum für etwas anderes ist.

Der erste Vorteil dessen ist, dass überhaupt kein irrelevantes Gespräch entsteht, welches potenziell ablenken *könnte*. Damit ist durch simple Selbstbeschränkung diese Gefahr eliminiert.

Der zweite Vorteil ist, dass mir die Entscheidung abgenommen wird, ob es passt, dass ich jetzt dieses oder jenes Privates erzähle. Nein, passt es nicht. Das klingt zunächst banal, ist aber wichtig. Genau wie es kognitive Ressourcen kostet, meinen Wunsch nach Smartphone-Nutzung zu unterdrücken, kostet es welche, vorhandene Möglichkeiten zu prüfen. Schon einmal beim Friseur gesessen und überlegt, ob es hier nicht zu still ist, der/die andere eventuell erwartet, dass Du etwas sagst? Stell Dir die gleiche Situation vor, nur dass über der Tür ein Schild hängt: „Gespräche untersagt, außer zu Deinen Haaren!". Puh, das wäre geklärt!

Wie kannst Du die Vorteile des „Sterile Flight Deck Concept" beim Lernen nutzen? Eine wunderbare Möglichkeit bietet die Pomodoro-Technik.

Bei dieser Technik arbeitest Du 25 min fokussiert an Deiner Aufgabe und machst anschließend eine kurze Pause. Das Ganze wiederholt sich drei Mal. Dann machst Du nach der fokussierten Arbeit eine längere Pause, zum Beispiel 15 min. Nach dieser längeren Pause startest Du in den nächsten Durchgang. Chronologisch untereinander (Arbeitsbeginn: 08:00 Uhr) sähe das so aus, wie in Abb. 2.2 dargestellt.

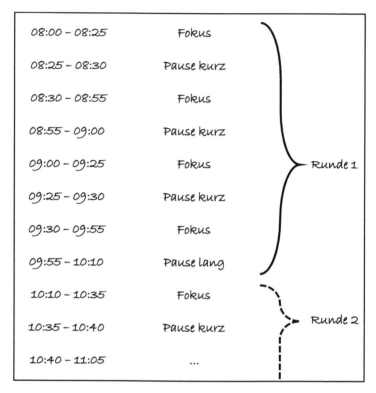

Abb. 2.2   Ablauf Pomodoro-Technik

»   Du hast zwei klare Phasen: *Fokus,*
in der Du arbeitest und *Pause,* in
der Du nicht arbeitest.

In der Fokusphase gilt das sterile (Lern-)Cockpit.
Keine Gespräche, kein Instagram, keine E-Mail, kein
YouTube. Verbanne das Handy im Stummmodus aus
Deiner Sicht- und Fühlweite, damit es keine kognitiven
Ressourcen zieht. In der Pause kannst Du tun, was immer

Du möchtest. Mit dieser Aufteilung wird Dein Kopf immer besser darin, alles zu ignorieren, was nicht mit der aktuellen Aufgabe zu tun hat.

Zur Umsetzung empfiehlt sich die Verwendung von Timern, damit Du nicht laufend auf die Uhr schauen und rechnen musst. Du kannst den Countdown Deiner Uhr oder Deines Handys abwechselnd auf 25 und fünf Minuten stellen. Es gibt auch Anwendungen für das Handy oder den Computer, die einen Pomodoro-Timer bieten. Falls Du am Computer arbeitest, kannst Du verschiedene Webseiten aufrufen, die einen Pomodoro-Timer laufen lassen. Am Ende des Kapitels findest Du entsprechende Hinweise. Wie ist letztendlich egal – Hauptsache, Du wirst mit einem „Bing" am Ende der jeweiligen Phase erinnert.[4]

Zwei Stunden „Lernen", dabei alle fünf Minuten für vier Minuten auf das Handy zu starren und damit effektiv 24 min gelernt zu haben, gehört der Vergangenheit an. Die Technik ist perfekt für die Angst, etwas zu verpassen und dem Smartphone als Belohnungsmaschine. Du verbietest Dir die Handynutzung nicht, sondern verschiebst sie auf maximal 24 min und 59 s in der Zukunft. Du musst keine Angst haben, zu verpassen. Dann widmest Du Dich, wenn Du willst, Deinem Smartphone, aber begrenzt auf die Pausenlänge. So fesselt der Glücksspielautomat nicht länger, als zum Erreichen Deiner Ziele gut ist.

Warum ist Fokus so verdammt wichtig? Wir haben oben festgestellt, dass Dein Erfolg sich aus vielen kleinen Schritten ergibt. Ähnlich wie ein gemauertes Haus sich

---

[4] Die Pomodoro-Technik soll Dich vor Ablenkungen schützen. Sie soll nicht selbst zu einer Ablenkung werden. Wenn Du gerade im Flow bist, die Seiten fliegen dahin, Du stehst kurz vor einem Durchbruch – lass den Timer Timer sein und surfe die Welle, bis sie bricht.

aus vielen einzelnen Ziegelsteinen zusammensetzt. In der Konsequenz ist jeder Schritt bzw. Ziegelstein wichtig, um Dein Ziel zu erreichen. Wenn Dein Fokus mangelhaft ist, unterlaufen Dir mit höherer Wahrscheinlichkeit Fehler und damit sitzen einzelne Ziegelsteine nicht richtig. Bei einem Ziegelstein kein Problem, doch je mehr es werden, desto mehr musst Du arbeiten, um sie zu kompensieren und das Ziel zu erreichen.

Was sind schiefe Ziegelsteine beim Lernen? Ich habe zum Beispiel ab und an unfokussiert ein Buchkapitel erarbeitet und dazu Fragen auf Karteikarten geschrieben. Manchmal klappte das gut. Meistens nicht. Dann fand ich später Karteikarten ohne beschriebene Rückseite. Oder auf der Rückseite stand zwar eine Antwort, die passte jedoch nicht zur Frage auf der Vorderseite. Schlimmer war es, wenn ich faul wurde und nicht mehr richtig zusammenfasste, sondern aus dem Buch abschrieb. Dann kann ich mir die Inhalte nicht gut merken. Das stelle ich beim Lernen fest, wenn ich die Karte noch mal anpasse und sie mir auf einmal problemlos merken kann. Das hätte ich früher haben können, hätte ich meinen Fokus bei jedem Schritt beibehalten.

» Fokussiere Dich also und erledige die einzelnen Schritte richtig. So vermeidest Du mühsame Nacharbeit und vor allem Folgefehler.

Das ist im Cockpit so wichtig wie beim Lernen.

Manchmal sind wir hellwach und keineswegs nachlässig, doch werden durch andere Menschen oder Termine abgelenkt und verlieren deswegen unseren Fokus. Wichtig ist es dann, Arbeitspakete sinnvoll abzuschließen. Wenn Deine Lernzeit gleich vorbei ist und Du das Kapitel nicht komplett schaffst, wenn jemand Dich unterbricht, nicht *irgendwo* aufzuhören. Sondern an einer bekannten Stelle. Das kann ein inhaltlicher Abschnitt sein oder auch eine komplette Textseite. Hauptsache, dass Du eine Grenze für Dein Gehirn setzt, bis wohin Du gearbeitet hast und ab wo Du weitermachen wirst.

2.6 Fit bleiben hat Priorität

Dein Flug dauert nicht nur ein paar Minuten, sondern sehr viel länger (das Marathon-Sprint-Thema klang in diesem Kapitel ja bereits ein wenig durch). Daraus folgt: Du musst Dich fit halten, um nicht vor Ende des Fluges einzuschlafen oder erschöpft zusammenzubrechen. Ein wesentlicher Bestandteil ist, ausreichend zu trinken und zu essen. Damit lieferst Du Deinem Körper ausreichend Energie für das (Weiter-)Lernen.

Zunächst zum Trinken. Der Techniker Krankenkasse (2020) zufolge benötigt ein erwachsener Mensch zwei bis drei Liter Flüssigkeit pro Tag. Ungefähr 1,5 L müssen davon getrunken werden (den Rest gewinnt der Körper aus der Nahrung). Bei der von der Kasse durchgeführten Studie *Trink Was(ser), Deutschland!* kam heraus, dass nur 60 % der Frauen und 70 % der Männer es schaffen, ausreichend Flüssigkeit zu sich zu nehmen.

Das kann man auch problematisch finden, ohne um das Kind besorgte(r) Mutter/Vater zu sein. Erhält der Körper zu wenig Flüssigkeit, ist das zwar in der Folge auch für das Lernen schlecht, aber vor allem für das Herz-Kreislauf-System und die Verdauung.

Falls es Dir schwerfällt, ausreichend zu trinken, empfehle ich Dir als einfache Lösung eine 2,2-Liter-Wasserflasche. Ich benutze seit Jahren (wann immer möglich) eine und fülle sie jeden Morgen voll. Den Tag über trinke ich daraus. So sehe ich stets, ob ich auf dem richtigen Weg bin, die Flasche am Ende des Tages leer zu haben. Damit habe ich eine gute Grundlage, die ich bei Bedarf (Sommer, Sport, viel Lernen) aufstocken kann.

Es geht nicht darum, um fremder Vorgaben willen zu trinken – sondern damit Du Dich besser fühlst. Zwing Dich zur Probe, ein paar Tage mehr zu trinken als sonst und spüre, wie sich Dein Körper hydriert anfühlt. Du wirst merken, dass es einen großen Unterschied macht.

Nun zum Essen. Ich mag Ungesundes sehr und glaube, die Mischung in der Ernährung macht es. Es geht also (auch hier) nicht darum, sich etwas zu verbieten. Es sollte Dir jedoch klar sein, dass Du mit gesunder Ernährung leistungsfähiger bist. Je eher der Körper alles hat, was er braucht, desto besser funktioniert alles. Gesunde Ernährung ist damit vorteilhaft für das Lernen.

Achte zumindest auf den Zeitpunkt, wann Du ungesund isst. 20 min vor einem Flug esse ich keine zwei XXL-Burger mit Pommes, nach einem Flug schon (manchmal).

Wie wäre es also mit einer Tüte Nüsse in Deiner Uni-Tasche statt einer Packung Schokoriegel und in der Prüfungszeit mit gesundem Essen statt Junkfood? Du könntest Dir zum Beispiel aus der Liste in Abb. 2.3, die *SPIEGEL WISSEN* unter dem Titel *So futtern Sie sich clever* veröffentlicht hat, ein paar Zutaten zusammensuchen.

Neben einer ausgewogenen Ernährung braucht Dein Körper Schlaf und Pausen, um zu funktionieren. Egal, was wir tun, irgendwann müssen Körper und Geist „abschalten". Das heißt nicht unbedingt Schlaf, sondern

Abb. 2.3 Einkaufliste für gesundes Essen. (Eigene Darstellung nach Otto (2017))

eine Unterbrechung der aktuellen Aufgabe. Kurz bewusst aus dem Fenster starren, etwas trinken, auf die Toilette gehen, Dich bewegen. Wichtig sind weniger lange, aber regelmäßige Pausen.

Ein ideales Tool, um das in Deinem Alltag umzusetzen, hast Du bereits kennengelernt: Es heißt Pomodoro-Technik. Damit hast Du nach 25 min eine kurze Unterbrechung Deiner Arbeit, in der Du Dich erholen kannst.

Irgendwann benötigt Dein Körper selbstverständlich Schlaf. Je anstrengender das ist, was Du tust, desto eher.

» Um nicht Stunden damit zu verbringen, übermüdet auf den Abend inklusive Bett zu warten, sind sogenannte Powernaps geeignet.

Von diesen „Kleinstschläfchen" von ein paar Minuten Länge hast Du bestimmt gehört. Kurz den Kopf auf den Tisch, einen Moment schlafen – schon kannst Du wieder fit durchstarten. Klingt super, ist es auch. Ganz so einfach umzusetzen ist es jedoch nicht. Daher einige Tipps:

- Übe das Nappen in ruhiger Umgebung, bevor Du es an belebte(re)n Orten ausprobierst.
- Zuhause kannst Du gut (wie gewohnt) im Liegen schlafen. Da sich das „draußen" nicht immer umsetzen lässt, versuche Dich nach und nach an Positionen im Sitzen, mit/ohne Tisch etc. Je variantenreicher, desto leichter wird es Dir außerhalb Deiner Wohnung fallen.
- Du willst beim Powernap nicht in tiefere Schlafphasen rutschen, was automatisch nach einer gewissen Zeit passiert. Sonst fühlst Du Dich wie erschlagen, sobald Du aufwachst. Experimentiere daher mit verschiedenen Zeitspannen (z. B. 15, 12, 10, 9, 8 min) und beobachte jeweils, wie Du Dich fühlst. Nach einem guten Nap fühlst Du Dich nach einer knappen Minute fit und nicht, als würdest Du gerne in Dein Bett kriechen.
- Naheliegend ist es, einen Timer auf dem Handy auf die gewünschte Zeit zu stellen. Ideenreichtum ist für Orte gefragt, wo das Handy nicht laut klingeln darf, Du keine vibrierende Uhr hast und auf Kopfhörer angewiesen bist. Wenn Du Glück hast, unterstützt es Dein Handy, Alarme nur über angeschlossene Kopf-hörer wiederzugeben. Mittlerweile gibt es auch Apps, die das können und auf Wunsch sogar beruhigende Schlaf-Sounds einspielen. Als Do-it-yourself-Lösung kannst Du Dir (z. B. mit dem Freeware-Programm Audacity) eine Audio-Datei basteln, welche Du auf Deinem Handy speicherst. Packe am Anfang so lang Leere (= Stille) in die Datei, wie Du nappen möchtest.

Danach fügst Du wahlweise einen Song oder Wecker-klingeln ein. Fertig ist Dein Kopfhörer-Wecker.

- Das Problem mit dem Nappen einer bestimmten Zeitspanne ist, dass sich Dein Körper nicht jeden Tag gleich verhält. Bist Du sehr müde, wirst Du beim Nappen schnell in den Tiefschlaf rutschen und müsstest schnell(er) als sonst geweckt werden. Bist Du angespannt und Dir geistern viele Dinge im Kopf herum, brauchst Du länger, um überhaupt einzu-schlafen. Vielleicht klingelt Dein Wecker nach acht Minuten, aber Du hast nicht mal geschlafen. Hier müsstest Du später als sonst geweckt werden. Probiere daher Folgendes: Nimm einen Schlüssel, eine Plastik-flasche⁵ oder irgendetwas anderes Stabiles in die Hand, wenn Du Dich zum Nappen hinlegst oder -setzt. Wähle und halte den Gegenstand so, dass er gefahrlos zu Boden fallen kann, würdest Du ihn nicht festhalten. Jetzt beginnst Du wie gewohnt mit Deinem Nap. Der Clou ist, dass Deine Muskeln beim Übergang in tiefere Schlafphasen erschlaffen und Dir der Gegenstand aus der Hand rutscht. Das Geräusch des Aufschlags weckt Dich genau im richtigen Moment – unabhängig davon, wie lange es bis dahin dauert.

- Zwing Dich nicht zum Einschlafen. Gillian Flynn schreibt schön in *Gone Girl:* „Sleep is like a cat: It only comes to you if you ignore it", also: „Schlaf ist wie ein Kater: Er kommt nur zu Dir, wenn Du ihn ignorierst." Insbesondere wenn Du das Gefühl hast, Du brauchst dringend Schlaf, hast nur fünfzehn Minuten Pause, willst unbedingt dieses wunderbare Powernap, willst es jetzt gleich, Dir soll der Schlüssel nicht zu früh aus der

---

⁵ Hey, vielleicht ja eine mit 2,2 Litern?

Hand fallen – bist Du wahrscheinlich so angespannt, dass Du gar nicht schläfst. Und das ist okay, nicht schlimm. Pause machst Du trotzdem. Vielleicht nicht so, wie Du es Dir vorgestellt hast, aber Pause.

Ein letzter Tipp, den ich Dir gerne zum Fitbleiben geben möchte, betrifft Deine Muskeln. Muskeln lieben Bewegung und Abwechslung. Starr auf einem Stuhl zu sitzen, wie es beim Lernen oft unvermeidlich ist, mögen sie nicht sonderlich. Dann verspannen sie mit der Zeit. Es kann vom Lernen abhalten, wenn die Schultern, der Nacken, der Rücken verspannt sind.

» Eine gute Gegenmaßnahme ist möglichst viel Bewegung.

Zum Beispiel in den Pomodoro-Pausen aufzustehen, die Arme zu kreisen, ein paar Squats zu absolvieren. Gelernter Stoff lässt sich auch wunderbar im Gehen, Stehen oder beim Stretching wiederholen. Bewegung hilft neben den Verspannungen manchmal sogar besser gegen Müdigkeit als ein Powernap.

Was ich aus eigener Erfahrung wirklich empfehlen kann, sind Faszienbälle. Ich habe eigentlich immer einen kleinen Faszienball am Schreibtisch oder im Rucksack, um Verspannungen entgegenzuwirken oder sie zu verhindern. In der Pomodoro-Pause die Brustmuskulatur ausrollen, während des Lesens die Unterarmmuskulatur massieren oder den Ball auf den Stuhl legen und darauf sitzend die Gesäßmuskulatur durchwalzen – alles kein Problem und Gold wert. Das Thema Faszienrollen umfassender auszuführen würde hier den Rahmen sprengen, doch es gibt viele Quellen dazu für Dich. Meine Empfehlungen findest Du gleich am Ende des Kapitels.

Das Kapitel in Kürze

- Du bist Pilot in Command: Übernimm die Verantwortung für Deinen Lernflug und ergreife vorausschauend die nötigen Maßnahmen, um erfolgreich ans Ziel zu kommen.
- Konsistentes Arbeiten ist ein Schlüssel zum Erfolg: Gib lieber jeden Tag 60 % als einmal im Monat 300 %.
- Alles wird irgendwann leicht. Je mehr Du Dich mit diesem Etwas beschäftigst, desto schneller. Mit Deiner Anstrengung heute erarbeitest Du Deine Erfolge von morgen. Drücke Dich nicht davor (und auch nicht vor Details).
- Arbeite fokussiert ohne Ablenkungen, zum Beispiel mit der Pomodoro-Technik. So vermeidest Du Fehler, Frustration und mehr Zeit mit Lernen zu verbringen als nötig.
- Bleibe fit: Achte auf ausreichend Wasser, Nahrung, Schlaf und Bewegung, um erfolgreich ans Ziel zu kommen.

Empfehlungen

- Unter „Weiterführende Literatur" am Ende des Buches findest Du zum Thema…
    - Fokussiert Arbeiten & Leben: Eyal und Li (2019)
    - Negative Folgen von Smartphone & Social Media (Englisch): Center for Humane Technology (2021a)
    - Wirkungsvolle Maßnahmen, um die negativen Folgen zu minimieren (Englisch): Center for Humane Technology (2021b)
    - Faszienrollen & Mobility: BLACKROLL (o. J.); Starrett und Cordoza (2019)
- Pomodoro-Timer: *Focus Keeper* (iOS & Android), https://tomato-timer.com (Website)
- Sleep-Timer: *Pzizz – Sleep, Nap, Focus* (iOS & Android)

You have control[6]

- Lade einen Pomodoro-Timer auf Dein Handy und/oder setze Dir ein Lesezeichen zu einem Timer am Computer.
- Benutze den Timer übungsweise zum Lesen der kommenden zwei Kapitel dieses Buches.
- Gewinne die Kontrolle über Dein Smartphone zurück. Setze zunächst zwei Tipps des Center for Humane Technology um.
- Besorge eine 2,2-Liter-Wasserflasche und nutze diese ab jetzt wann immer möglich zum Trinken.
- Finde eine Möglichkeit, Dich in der Öffentlichkeit wecken zu lassen, ohne andere zu stören (z. B. eine App).
- Besorge einen kleinen Faszienball und probiere ihn nach Anleitung einer der oben genannten Quellen aus.

---

[6] Bitte was? Im Flug muss jederzeit klar sein, welcher der beiden Piloten gerade das Flugzeug steuert. Falls diese Rolle wechselt, wird das daher explizit ausgesprochen. Der Pilot bzw. die Pilotin, der/die das Steuer übernimmt, sagt „I have control!", der/die andere sagt „You have control!" zur Bestätigung. Wieso erzähle ich Dir das? Ich hatte versprochen, Dir am Ende der Kapitel Vorschläge für erste konkrete Schritte zu machen. Hier sind die ersten (die erledigten kannst Du abhaken), also: You have control!

3

Dein Ziel

Das schönste Flugzeug bringt nichts, wenn es rumsteht, mangels eines Ziels nirgendwo hinfliegt oder (schlimmer) in der Luft nicht weiß, wo es hinsoll. Du hast mit Deinem aktuellen Lernvorhaben ein Ziel gefunden. Der Zielort ist klar, nur fragst Du Dich: Wie komme ich dahin, wo ich auf dem Weg so viel lernen muss? Darauf finden wir bald eine Antwort. Zuerst schauen wir, ob Dein Ziel ausreichend klar definiert ist.

Warum ist das wichtig? Der Vorsatz „Ich möchte das Semester gut rumkriegen" ist inhaltlich ein vernünftiges Ziel. Du wirst allerdings Schwierigkeiten bekommen, falls Du damit losfliegst. Ziele sind wichtig, um an ihnen Handlungen ausrichten zu können. Verschiedene Elemente in Dir arbeiten auf Ziele hin, sowohl im Bewusstsein als auch Unbewusstsein. Sie schlagen Alarm, wenn Du (D)ein Ziel zu verfehlen drohst.

Y. Steineker, *Die Piloten-Lernstrategie,*
https://doi.org/10.1007/978-3-662-64455-3_3

> » Je genauer Du Dein Ziel kennst, desto besser können sich Deine Handlungen daran ausrichten. Desto zuverlässiger erhältst Du eine Warnung, falls Du das Ziel zu verfehlen drohst.

Schauen wir uns die obige Zielsetzung unter diesen Gesichtspunkten an. Sie gibt dem (Un-)Bewusstsein kein konkretes Bild von dem zu erreichenden Ziel. Was bedeutet *möchte?* Falls es nicht zu anstrengend ist und schnell geht? Falls keine spannende Serie bei Netflix läuft? Schlimmer, was bedeutet *gut rumkriegen?* Bestehen, also eine 4,0 in allen Fächern erreichen? Mindestens vier Mal im Monat das Uni-Gebäude betreten? Klar übertreibe ich jetzt, aber all das wäre im Rahmen der Zielsetzung möglich und damit würde Dein Warnsystem nicht zuverlässig anschlagen. Da hilft es auch nicht, falls Du ein (vermutlich anderes) konkretes Bild hattest, als Du Dir die Zielsetzung überlegt hast. Mit der Zeit ändert sich Dein Bild von *gut rumkriegen* und damit hast Du keine stabile Basis für Dein Handeln. Stattdessen musst Du ständig erneut in den anstrengenden Zielsetzungsprozess einsteigen.

Ich möchte Dir daher empfehlen: Schreib Dein Ziel auf. Und zwar SMART. SMART ist ein Akronym für fünf Eigenschaften, die eine gute Zieldefinition aufweist: spezifisch, messbar, ansprechend/attraktiv/akzeptiert, realistisch, terminiert (siehe Abb. 3.1). Am Beispiel wird schnell deutlich, was das heißt. Statt „Ich möchte das Semester gut rumkriegen" nimm Dir lieber Folgendes vor: „Ich werde dieses Semester in allen Pflichtfächern *(spezifisch)* meine Prüfungsleistungen mit mindestens

SPEZIFISCH

MESSBAR

A NSPRECHEND
TTRAKTIV
KZEPTIERT

REALISTISCH

TERMINIERT

Abb. 3.1   Das SMART-Akronym

1,7 *(messbar)* bestehen und diese bis zwei Wochen nach Vorlesungsende *(terminiert)* abgegeben haben". Das Ganze muss (hinsichtlich Leistungsgrad und Deadline) *realistisch* sein. Zudem soll das Ziel *ansprechend/attraktiv/akzeptiert* (da ist sich die Coaching-Szene nicht einig) sein.

Das Ziel kann noch so „SMRT" definiert sein, solange das A in der Mitte fehlt, wird es schwierig. Stimmt hingegen das A, ergibt sich Vieles von allein. Du musst wissen, warum und wofür (!) Du lernen willst. Welche *ansprechenden, attraktiven* Konsequenzen erhoffst Du Dir? Eine Beförderung, einen guten Job in Bereich X, neue Fähigkeiten, einen „Urlaub als Einheimischer" dank atemberaubender Sprachkenntnisse, einen Abschluss? Ausschlaggebend ist, dass Du dieses Ziel als Dein (!) Ziel *akzeptierst* und es erreichen willst.

Du wirst mit den Techniken in diesem Buch effizient, strukturiert und erfolgreich lernen. Doch Lernen ist, egal, wie Du es anstellst, anstrengend. Wozu solltest Du Dir große Anstrengungen aufbürden, wenn es das Ziel nicht wert ist? Ich erwähne das, weil auf Deinem Weg Durststrecken warten, in denen Du darüber nachdenkst, alles hinzuwerfen. Wenn Du Dir dann nicht mittels eines attraktiven A's helfen kannst, machst Du es Dir unnötig schwer, Dein Ziel zu erreichen.

Dass Du Dein SMART-Ziel aufschreibst, ist wichtig. Dadurch wird es viel verbindlicher, als wenn Du es Dir gedanklich vornimmst. Schlimmer: Wenn Du es nicht schriftlich formulierst, mogelst Du Dir (siehe oben) im Kopf zurecht, was Du „geschrieben" hast. Aus „mindestens 1,7" wird dann „gut" (inkl. 2,3) und Du freust Dich, weil Du mit einer 2,7 abgeschlossen und Dein Ziel fast erreicht hast – eine ganze Note schlechter, als Du Dir vorgenommen hattest.

Das (kurze, aber wichtige) Kapitel in Kürze

- Ein gutes Ziel ist SMART: spezifisch, messbar, attraktiv, realistisch und terminiert.
- Lernen ist und bleibt anstrengend – ein attraktives Ziel hilft dabei, Durststrecken zu überwinden.
- Schriftliche Dinge entfalten mehr Verbindlichkeit als gedachte.

You have control

o Schreibe Dein SMART-Ziel auf:

S _____

M _____

A _____

R _____

T _____

o Ergänze zu Deinem A noch ausführlicher, was Dich Tolles erwartet und was Dir das, was Du lernst, bringen wird:

_____

_____

_____

_____

4

Flugvorbereitung

In der Fliegerei gibt es den 6-P-Spruch: „Proper pilot preparation prevents poor performance", also „Eine gute Vorbereitung des Piloten verhindert schlechte Leistung". Je besser ich mich als Pilot vor dem Flug mit allem vertraut mache und mich ausgeruht zum Flug begebe, desto besser. Auch Lernen will gut vorbereitet sein.

4.1 Ein Flug

Die Karten der Luftstraßen und Flughäfen werden herausgesucht und eine mögliche Route bestimmt. Alle nötigen Informationen werden (unter anderem beim Wetterdienst und der Flugsicherung) eingeholt und ausgewertet. Wie ist das Wetter und wie entwickelt es sich? Ist mit Turbulenzen zu rechnen? Sind Lufträume gesperrt? Daraus ergibt sich die geplante Route, für die eine Genehmigung der Flugsicherung eingeholt wird. Für fast jeden Flug wird ein

Y. Steineker, *Die Piloten-Lernstrategie,*
https://doi.org/10.1007/978-3-662-64455-3_4

Ausweichflughafen festgelegt. Der wird angesteuert, falls das eigentliche Ziel nicht angeflogen werden kann, zum Beispiel aufgrund schlechten Wetters.

Nun dreht sich alles um die Erstellung des Operational Flight Plans (OFP). Dieser ist ein zentrales Dokument und wird im Flug benötigt. Auf ihm ist die Route mit den zu fliegenden Kursen, die Flughöhe, die Geschwindigkeit, der zu erwartende Wind, die Zeit je Flugabschnitt, die zu erwartende Ankunftszeit und noch Vieles mehr eingetragen. So haben die Piloten alle wichtigen Informationen stets zur Hand.

Die Schritte bis hierhin werden selbst vom Piloten oder bei vielen Airlines von eigenen Abteilungen durchgeführt. Die Piloten erhalten in diesem Fall ein fertiges Dokumentenpaket, welches sie mit allem vertraut macht und prüfen die Informationen und Planung. Alles wird gemeinsam im Briefing besprochen. Der Kapitän trifft die Entscheidung, wie viel Treibstoff (zusätzlich zu den gesetzlichen Anforderungen) getankt wird.

Anschließend trifft sich die gesamte Crew (Cockpit- und Kabinenbesatzung) zum Briefing. Es ist wichtig, dass alle auf dem gleichen Stand sind. Wo wird es stressig? Sind Turbulenzen zu erwarten? Besonderheiten werden angesprochen, eventuelle Fragen geklärt.

Nun geht es zum Flieger, um alles für den Abflug vorzubereiten. Während die Kabinenbesatzung die Kabine vorbereitet und das Boarding überwacht, widmet sich die Cockpitbesatzung der Vorbereitung des Flugzeugs. Im Outside-Check überprüft einer der Piloten den kompletten Flieger auf Beschädigungen. Parallel widmet sich der andere Pilot den Eingaben der Flugdaten im Cockpit. Sind alle Einstellungen und Vorbereitungen abgeschlossen, alle Passagiere an Bord, kann es losgehen. Die Bremsklötze werden entfernt und die Rollgenehmigung eingeholt. Die Piloten starten die Triebwerke und manövrieren das Flugzeug zur Startbahn.

4.2   Dein Lernflug

Die Vorbereitung Deines Lernfluges sieht etwas anders aus, doch das Ziel bleibt: Du versetzt Dich in die Lage, optimale Leistung zu bringen. Du bestimmst Deine Route. Ich werde Hinweise geben, welche Informationen Du sammeln solltest. Wir werden uns anschauen, wie Du realistisch die benötigte Lernzeit einschätzt. Was die Alternate-Planung für Dich bedeutet. Ich werde Dir zeigen, wie Du einen Operational Learn Plan erstellst und damit alle Informationen im Lerncockpit zur Hand hast.

Zuletzt zum Briefing: Du kannst anhand des Operational Learn Plan absehen, wie Dein Lernflug aussehen wird. Wo wird es anstrengend? Wie hoch musst Du fliegen? Diese Dinge musst Du zwar keinem anderen Crew-Mitglied verständlich machen, aber Dir selbst!

4.3   Den Lernflug planen

Jetzt weißt Du, was auf Dich zukommt. Es kann losgehen.

4.3.1 Zeitraum festlegen

Zunächst solltest Du festlegen, welchen Zeitraum Du mit der Planung betrachten wirst. Der Zeitraum sollte eine gewisse Länge haben, aber nicht so weit in die Zukunft reichen, dass es nicht möglich ist, ihn zu überblicken. Drei bis sechs Monate eignen sich meinen Erfahrungen nach gut.

Beim Schuljahr eignet sich das Halbjahr, im Falle des Studiums das Semester. Kniffliger wird es bei (neben-)beruflichen Weiterbildungen. Hier gibt es häufig eine Zwischenprüfung oder ähnliche Meilensteine, die Du als

Ende des Zeitraums verwenden kannst. Bei privaten Lern-vorhaben ist es Dir überlassen, Dir einen ersten Planungs-horizont oder ein eigenes Zwischenziel zu setzen.

4.3.2 Projekte sammeln

Sammele alle Projekte, die Du in Deinem gewählten Zeitraum angehen wirst. Projekte meint alles, mit dem Du Dich beschäftigen wirst: Fächer, Module, Vorhaben wie eine Sprache zu lernen, Arbeit, Ehrenamt, Sport (Abb. 4.1). Ziel ist, dass Du eine Liste hast, mit der wir weiterarbeiten können.

4.3.3 Aufgaben definieren

Nimm Dir jetzt einen blanken Zettel und schreibe als Überschrift den Titel des ersten Projektes Deiner Liste auf, also zum Beispiel „BWL Grundlagen". Nun stellst Du

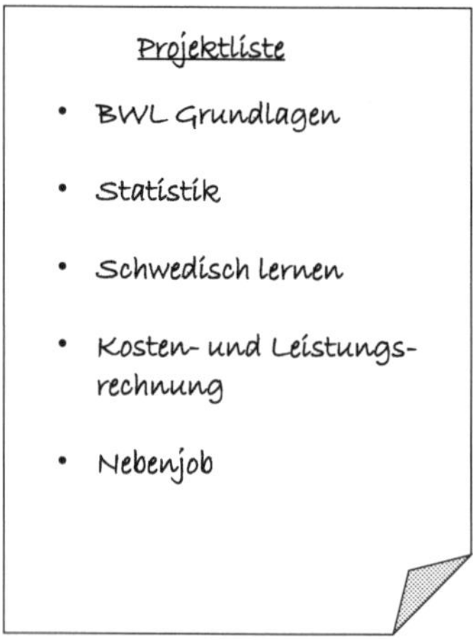

Abb. 4.1   Projektliste

Dir folgende Frage: Was muss ich tun, um dieses Projekt erfolgreich (denke an das SMART-Ziel) abzuschließen? Zum Beispiel:

- Vorlesungen besuchen
- Das Lehrbuch durcharbeiten (welche Kapitel?)
- Lerngruppe gründen und Übungsklausuren durchgehen

Schreibe die entsprechenden Punkte als Stichpunkte auf. Überlege stets, was wirklich nötig ist, um das Ziel zu erreichen (und was nicht). Ich bin kein Verfechter des Minimalprinzips und war auch bei Vorlesungen, zu denen ich nicht hätte gehen müssen – irgendwie studiert man ja, weil man es interessant findet? Das muss allerdings eine bewusste Entscheidung sein: „Hier tue ich mehr, als ich muss, weil ich das möchte. Ich kann es jederzeit wieder sein lassen, sollte es erforderlich sein." Du darfst den Pflicht-Bogen nicht zu groß ziehen, ohne Dir diesem Unterschied bewusst zu sein. Sonst rennst Du vielen Punkten hinterher, bei denen das nicht nottut.

» **Die Frage, was prüfungsrelevant ist, gehört nicht in die letzte Stunde/Vorlesung vor der Klausur, sondern in die erste.**

Darauf aufbauend kannst Du besser entscheiden, was Du tun musst, solltest und willst. Kennzeichne Dir also die Pflichtpunkte, zum Beispiel mit einem Ausrufezeichen. Der Zettel sieht jetzt zum Beispiel so aus wie in Abb. 4.2.

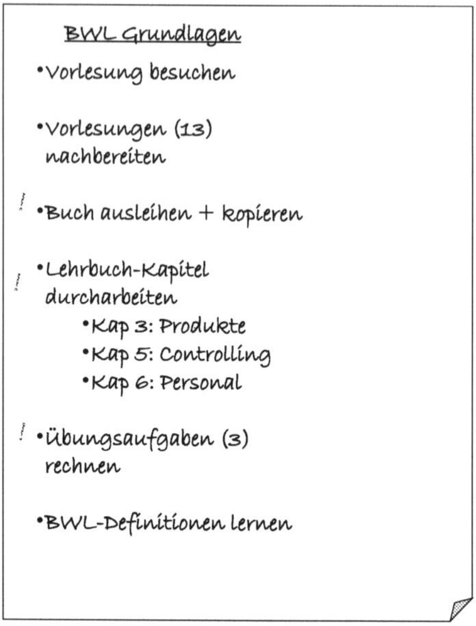

Abb. 4.2   Projektaufgabenliste

Wie ich bereits angedeutet habe, besitzt bei effektivem Lernen Wiederholung einen hohen Stellenwert. Das erarbeitete Kapitel musst Du mehrmals durchgehen, damit Du es für die Klausur und danach behalten kannst. Das heißt nicht, dass Du Dir für jedes Kapitel aufschreiben musst „Kapitel X zum ersten Mal wiederholen", „Kapitel X zum zweiten Mal wiederholen", keine Sorge. Wir verwenden später ein sehr einfaches System.

Deine Liste wird nicht final sein, wie denn auch? Vielleicht fängt ein Modul erst in der dritten Vorlesungswoche an, Du weißt noch nicht, welcher Stoff relevant ist und ob es eine Klausur geben wird? Du musst die Liste später anpassen. Mein System sorgt dafür, dass Du das nicht vergisst. Auch dazu später mehr.

Fällt Dir zu diesem Projekt nichts mehr ein? Dann nimm Dir ein neues Blatt und schreibe als Überschrift den Titel des zweiten Projektes auf. So gehst Du vor, bis die Projektliste und zu jedem der Projekte eine eigene Seite vor Dir liegen (siehe Abb. 4.3).

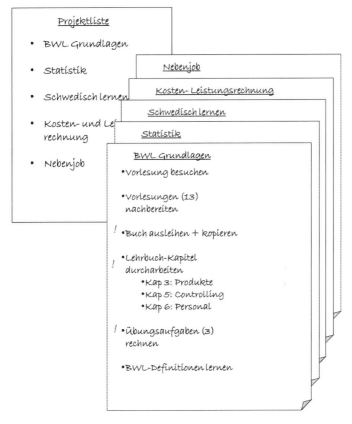

Abb. 4.3 Projektliste und Projektaufgabenlisten im Zusammenspiel

4.3.4 Aufgabentypen festlegen

Nun kannst Du die Listen Punkt für Punkt durchgehen. Neben jeden Punkt schreibst Du einen von vier Buchstaben: A, E, T oder R. Die Buchstaben stehen für *A*rbeit, *E*rledigen, *T*ermin und *R*outine.

Arbeit (A) meint alles, was länger Zeit und Anstrengung erfordert. Für das Modul „Grundlagen BWL" wäre es zum Beispiel das Durcharbeiten der Kap. 3, 5 und 6. Hier musst Du Dich zu einem Zeitpunkt X in der Zukunft hinsetzen und die Kapitel erarbeiten. Es ist Konzentration und Fokus nötig, diese Aufgaben gehen nicht zwischen Tür und Angel.

Erledigen (E) meint, was vergleichsweise weniger anstrengend und zeitlich umfangreich ist. Hier lässt sich das Prinzip „Einfach machen" anwenden. Für das Modul „Grundlagen BWL" wäre es zum Beispiel, das Lehrbuch in der Bibliothek auszuleihen und Kapitel zu kopieren. Hier musst Du zu einem Zeitpunkt X in der Zukunft etwas tun, was allerdings nicht viel Konzentration und Fokus erfordert.

Warum ist die Unterscheidung wichtig? Wie viel Konzentration und Fokus eine Aufgabe erfordert, bestimmt, wann Du sie erledigen kannst. Ein Beispiel: Ich sitze am Abend am Schreibtisch und bin mit meinen Freunden zum Pizzaessen verabredet. Nun verschieben wir das Treffen auf eine Stunde später. Ich kann also noch eine Stunde etwas Produktives tun, wenn ich dazu Lust habe. Ich muss nun entscheiden, was.

Ich bin erschöpft vom Tag, bin zu großer Konzentration und Fokus nicht mehr so gut in der Lage. Damit fällt Kategorie A raus und ich sollte eine Aufgabe der Kategorie E raussuchen. Hier kommt der Vorteil, die Aufgaben bereits in Kategorien aufgeteilt zu haben. Ich kann direkt nur die E-Aufgaben ansehen. Ich muss meine Energie nicht mit den Überlegungen verschwenden, ob es sinnvoll wäre, diese oder jene Aufgabe zu beginnen. Kommen wir nun zu den zwei weiteren Kategorien.

Termin (T) meint Aufgaben, die an feste Termine geknüpft sind, zum Beispiel „Vorlesung besuchen".

Mit Routine (R) kennzeichnest Du Aufgaben, die über einen längeren Zeitraum regelmäßig (= nicht einmalig) ausgeführt werden. Zum Beispiel könntest Du Dir für das Grundlagen-BWL-Modul notieren „BWL-Definitionen lernen".

Natürlich können Aufgaben verknüpft sein. Zu dem Eintrag „Vorlesung besuchen (T)" gibt es beispielsweise einen Eintrag „Vorlesung nachbereiten (A)". Diese Verknüpfungen musst Du nicht aufzeichnen oder notieren. Deine Liste sieht nun so ähnlich aus wie in Abb. 4.4.

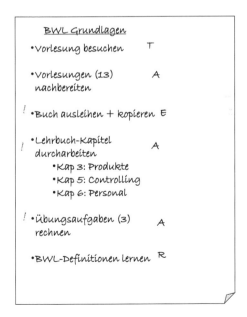

Abb. 4.4 Projektaufgabenliste mit Aufgabentypen

4.3.5 Alles Routine

Wenn Du alle Projekte durchgegangen bist, lohnt ein Blick „über den Tellerrand". Frage Dich: Welche Dinge möchte ich regelmäßig absolvieren, damit ich auf lange Sicht erfolgreich bin?

Für mich zählt dazu zum Beispiel Sport. Zur weiteren Inspiration: Entspannung, Yoga, Meditation, Kopfrechnen, Gehirnjogging, Schreiben, Malen, Lesen, Dankbarkeitsübungen …

Für alles gibt es kleine Schritte, die Du erledigen kannst. Schaue Dir Menschen an, die dort stehen, wo Du bald sein möchtest. Welche Fähigkeiten haben sie? Was kannst Du tun, um diese in kleinen Schritten zu erwerben? Ich habe zum Beispiel während einer längeren Unterbrechung der Pilotenausbildung jede Woche einmal so getan, als müsste ich gleich fliegen und mir die aktuellen Wetterkarten angeschaut. So sorgte ich dafür, dass die Kompetenz „Wetterkarten lesen und verstehen" trainiert wird und nicht ungenutzt verkümmert. Möchtest Du gerne besser darin werden, Unternehmensberichte zu verstehen? Dann könntest Du Dir als Routine vornehmen, jede Woche einen Geschäftsbericht zu lesen und zu analysieren.

» Routinen brauchen nicht lange pro Tag oder Woche. Dadurch, dass Du sie konsistent absolvierst, hast Du die Chance, große Fortschritte zu machen.

Angenommen, Du machst zwölf Minuten Kopfrechnen pro Tag, fünf Tage die Woche. Das ist eine ganze Stunde Kopfrechentraining pro Woche, also im Jahr ca. 50 h (etwas abgezogen für Urlaub). Ein ordentlicher Beitrag zur Weiterentwicklung, oder?

Dadurch, dass Du diese Punkte notierst, sorgst Du dafür, dass sie aus der Das-möchte-ich-gerne-machen-aber-tue-es-nicht-Ecke herauskommen, Du sie verfolgst und sie Dich nach vorne bringen. Nimm Dir daher noch einen leeren Zettel und notiere alle Deine „projektlosen" Routinen-Punkte. Du kannst der Vollständigkeit halber überall ein „R" daneben schreiben, doch versteht sich das bei diesem Zettel auch von allein.

4.4 Ach du liebe Zeit

Du hast nun alle Projekte und Routinen gesammelt, die im Planungszeitraum erledigt werden wollen. Die Frage ist: Wie viel Zeit brauchst Du dafür? Und hast Du davon genug?

4.4.1 Benötigte Zeit

Gehe jeden Zettel durch und schreibe neben die Aufgaben, wie viele Stunden sie benötigen. Schreibe neben alle A-, E- und R-Aufgaben die nötige Zeit. Zu den T-Aufgaben brauchst Du keine Stundenzahl schreiben, die steht später im Kalender (dazu in Kürze mehr). Am Ende der Seite summierst Du zweimal, einmal für A- und E-Aufgaben zusammen und separat für R-Aufgaben. Deine Projektaufgabenliste sieht jetzt zum Beispiel so aus wie in Abb. 4.5.

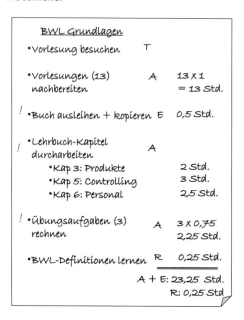

BWL Grundlagen

• Vorlesung besuchen   T

• Vorlesungen (13)   A   13 x 1
  nachbereiten   = 13 Std.

! • Buch ausleihen + kopieren   E   0,5 Std.

! • Lehrbuch-Kapitel   A
  durcharbeiten
     • Kap 3: Produkte   2 Std.
     • Kap 5: Controlling   3 Std.
     • Kap 6: Personal   2,5 Std.

! • Übungsaufgaben (3)   A   3 x 0,75
  rechnen   2,25 Std.

• BWL-Definitionen lernen   R   0,25 Std.

            A + E: 23,25 Std.
                 R: 0,25 Std

Abb. 4.5 Projektaufgabenliste mit benötigten Zeiten

Du kannst die benötigte Zeit am Anfang eventuell noch nicht akkurat einschätzen. Das soll Dich nicht abhalten. Mit der Zeit werden Deine Schätzungen immer besser, weil Du Dich beim Lernen immer besser kennenlernst. Als Anhaltspunkte folgende Zeitschätzungen:

- Vorlesung nachbereiten und für das Lernen aufbereiten: 1–2 Std. (etwa so lange wie die Vorlesung selbst)
- Lehrbuchkapitel durcharbeiten und für das Lernen aufbereiten: 2–4 Std. (je nach Umfang und Schnelligkeit)

Du musst berücksichtigen, dass das je Fach sehr (!) unterschiedlich sein kann. Während Du in einem Fach 15 min brauchst, um die Vorlesung nachzubereiten, können es in einem anderen Fach drei Stunden sein.

In der Pilotenausbildung gab es etwas Ähnliches zu berücksichtigen. Die Lösung einer Übungsfrage dauerte in manchen Fächern zehn Sekunden, in anderen Fächern fünf Minuten. Das musste ich bei der Lernplanung berücksichtigen, denn das Ziel „400 Fragen am Tag durchgehen" war in dem einen Fach ein Klacks und in dem anderen unmöglich.

» Für Dich ist die einzig wichtige Einheit: Zeit.

Rechne nicht mit Seitenzahlen aus Büchern oder einer Anzahl Fragen, ohne in Zeit umzuwandeln.

Du hilfst Dir, wenn Du Deine Zeiten realistisch einschätzt.

» Etwas gut zu durchdringen, etwas auswendig zu lernen, ist zeitaufwendig.

Die meisten Inhalte sind nicht schwer zu begreifen, es braucht aber Zeit, um sie zu verstehen. Sei konservativ und denke bei der Planung von Dir: „Ich bin echt langsam." Warum? Wenn Du zu wenig Zeit für die Dinge einplanst, wirst Du Dir zu viel vornehmen. Der Tag rennt davon, ohne eine realistische Chance zu schaffen, was Du Dir vorgenommen hast. Das stresst, jetzt spürst Du zusätzlich Zeitdruck. Das hilft beim Lernen gar nicht. Setz Dich möglichst keinem Zeitdruck aus. Das musste ich erst lernen: Stellenweise fühlte ich mich im Studium wie ein

Manager, der minutiös seine Zeit verplante und mit den Dingen jonglierte. Aber es ging mir damit nicht gut. Sinn konnte nicht sein, sich so aufzureiben, oder? Man kann noch so gut planen – wenn man sich zu viel für eine Zeitspanne vornimmt, kann man es nicht schaffen. Und verbrennt sich langsam.

Deine Projektliste und die zugehörigen Projektaufgaben-Listen sind fertig. Du weißt jetzt, was in den Projekten zu tun ist und wie lange es dauert. Anhand der Kategorisierung weißt Du auf einen Blick, was für ein Typ eine Aufgabe ist. Wie sollst Du bei all den Zetteln den Überblick behalten? Es hieß, die müssen angepasst werden, wie kannst Du das nicht vergessen? Woher weißt Du, wann Du eine Aufgabe oder Deine Routine erledigen sollst? Darum kümmern wir uns ab jetzt.

4.4.2 Kalender

Ein wichtiges Tool ist (D)ein Kalender. Ich weiß nicht, ob Du einen benutzt und ob Du das gerne tust. Falls nicht, solltest Du damit beginnen und Dir den folgenden Absatz gut durchlesen.

Der Zweck eines Kalenders ist, Dingen bestimmte Zeitpunkte zuzuweisen und sie außerhalb des Kopfes zu speichern. Wenn ich mich mit jemandem in zwei Monaten verabrede, brauche ich den Termin nicht so lang im Kopf zu behalten. Mein Kalender erinnert mich daran. Wenn ich im Januar daran denke, dass mein Personalausweis abläuft und ich im Mai einen neuen beantragen muss – gleiches Prinzip. Wären das meine zwei einzigen Termine in diesem Jahr, könnte ich sie mir natürlich merken. Doch es wird dem Kopf schnell zu viel. Du solltest Dich nicht mit der Angst, einen Termin zu vergessen oder negativen Folgen, falls Du es tust, belasten. Die chronologische

Ordnung führt dazu, dass es übersichtlich bleibt. Würde ich alle Termine und Erinnerungen auf Klebezettel schreiben und an meine Küchentür kleben, hätte ich sie auch aus meinem Kopf. Aber bei zunehmender Anzahl an Terminen wüsste ich nicht mehr, wo ich hinschauen soll.

Ich empfehle Dir, die Wochenansicht zu nutzen (egal, ob Du einen digitalen oder analogen Kalender hast). Damit hast Du immer einen guten Überblick, auch über die kommenden Tage. (Du schlägst nicht den Sonntag auf und entdeckst, dass Du für das abendliche Treffen mit Freunden werktags dringend hättest einkaufen müssen.)

Dein Kalender ist essenziell für Deine Lernplanung. Denn daneben, wie viel Zeit Du *benötigst,* ist natürlich wichtig, wie viel Zeit Du *hast.* Diese Frage kann Dir niemand besser beantworten als der Kalender. Lass uns also beginnen, Deinen Kalender für das Lernen startklar zu machen.

4.4.3 Standard-Woche

Zunächst erstellen wir die Standard-Woche. Trage alle Deine regelmäßigen Termine (T-Aufgaben, Arbeit, Sportkurse, Initiativen-Treffen, Billard-Runde, Lieblingsserie) ein. Diese Termine finden genau dann, nicht wann anders, statt. Blocke Dir auch ruhig eine ausreichende Schlafenszeit gleich mit, damit Dir die bei der Planung nicht flöten geht. Einzelne Termine (private Treffen, nicht-regelmäßige T-Aufgaben) berücksichtigen wir später.

Ein täglicher Block für die R-Aufgaben wandert auch in die Standard-Woche. Die benötigte Zeit dafür hast Du bereits zusammengerechnet. Zusätzlich empfehle ich 30–60 min täglich für die Wiederholung des Stoffes.

Du kannst den Zeitpunkt für Deine Routine beliebig am Tag wählen. Ich mag es, meine Routine früh im

Verlauf des Tages zu erledigen. Dann weiß ich: „Das habe ich schon mal geschafft. Ich habe zumindest meinen Stoff wiederholt und Sport gemacht." Es muss nicht sein, dass Du die Routine am Stück absolvierst. Ich zum Beispiel habe zur Vorlesungszeit meine Routine auf drei Blöcke aufgeteilt: Zugfahrt morgens, Zugfahrt abends, Sport.

Zum Ende der Woche solltest Du zusätzlich ein Zeitfenster markieren, in welchem Du Deine Planung anpassen wirst.

Deine Standard-Woche könnte insgesamt zum Beispiel so aussehen wie in Abb. 4.6.

4.4.4 Fokus-Zeit

Wenn Du die Standard-Woche anschaust, siehst Du Termine und mehr oder weniger viel freie Fläche. Die freie Fläche zeigt Zeit, die Du zur freien Gestaltung zur Verfügung hast. Du wirst Teile davon verwenden, um die Dinge Deines Operational Learn Plan oder sonstige Aufgaben zu bearbeiten.

> »   Du brauchst Zeit für fokussierte Arbeit, für Dein Selbststudium.

Entsprechende Zeitfenster trägst Du gleich mit ein, damit Du genau weißt, wann Zeit für fokussierte Arbeit ist und wie viel Du davon hast.

Wir schauen uns nun an, wie wir Zeitfenster finden, die sich dafür eignen. Du suchst nach Zeitfenstern, die den gesamten Zeitraum über zur Verfügung stehen. Du musst morgens aufstehen, duschen, den Tag über mehrmals etwas essen. Berücksichtige solche Dinge. Zu diesen Zeiten kannst Du nicht lernen. Wenn Deine Vorlesung bis 11:45 Uhr geht, kannst Du nicht ab 11:45 Uhr fokussiert

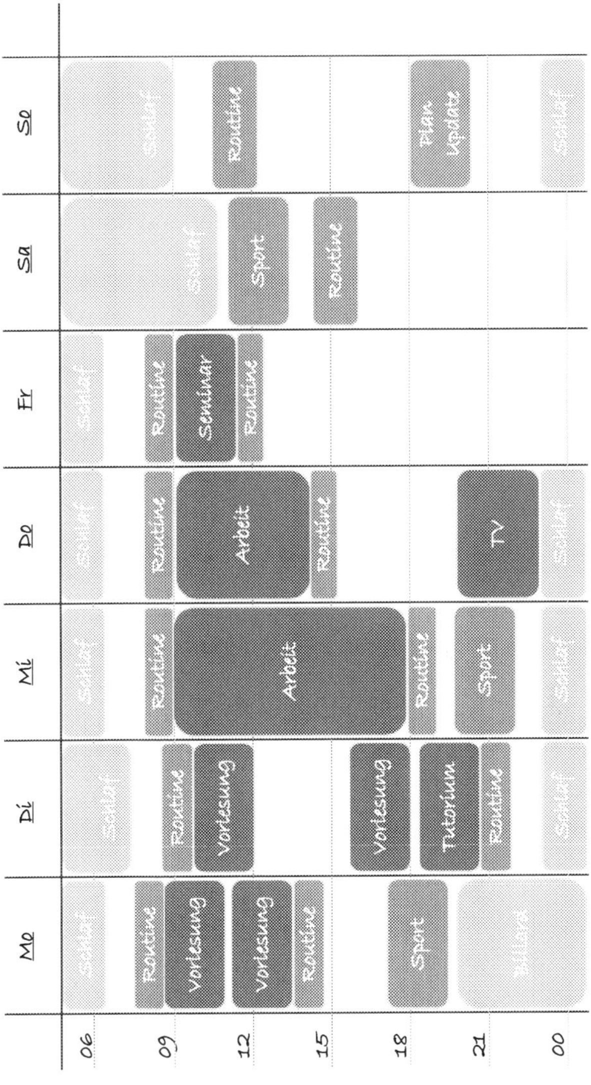

Abb. 4.6 Standard-Woche

lernen. Du musst zunächst an einen geeigneten Ort gehen, zur Toilette, kurz mit der Gruppe etwas absprechen. Also bist Du frühestens (!) um 12 Uhr bereit und kannst Dein Zeitfenster beginnen lassen. Das mag klein kariert klingen, aber stell Dir vor, Du machst diesen Planungsfehler vier Mal in der Woche. Das ist eine glatte Stunde, die Du verplanst, die aber (seltsamerweise) jede Woche fehlt. Also, plane realistischen Puffer ein und denke daran, dass sich nicht alle Zeiten zum Arbeiten eignen, bloß weil sie terminfrei sind.

Darüber hinaus sollten die Zeiten nicht nur in der Standard-Woche frei *sein,* sondern auch *bleiben.* Wenn Du gemeinsam mit Deiner Clique zwei Vorlesungen nacheinander hast und in der Pause dazwischen alle zusammen in die Kantine gehen, möchtest Du diese Zeit lieber mit Deinen Freunden als mit Lernen verbringen, oder? Also ist es kein sinnvolles Zeitfenster für fokussiertes Arbeiten.

Daneben, dass die Zeitfenster frei sind und bleiben, müssen sie auch realistisch Arbeiten ermöglichen. Wichtig ist, dass Du bei dieser Einschätzung ehrlich bist. Es ist leicht, sich vorzunehmen, nach der letzten Vorlesung von 20:00 bis 22:00 Uhr noch etwas zu schaffen. Es ist schwer, es tatsächlich zu tun, falls Du nicht der Typ dafür bist. Genauso ist es leicht, sich vorzunehmen, morgens von 06:00 bis 07:30 Uhr in Ruhe zu lernen. Es ist schwer, es tatsächlich zu tun, falls Du nicht der Typ dafür bist, etwa immer sehr spät schlafen gehst.

Indem Du die Fokuszeit direkt in der Standard-Woche einplanst, sorgst Du dafür, dass sie für Dich verbindlich wird. Du hast in dieser Zeit zwar keinen Termin mit einer anderen Person, aber mit Deinem Ziel. Mit den Dingen, die nötig sind, um das Ziel zu erreichen. Fällt eine Verabredung in diesen Zeitraum, weißt Du, dass Du umplanen musst, um Deine Ziele zu erreichen.

Mit eingetragener Fokuszeit sieht Deine Standard-Woche zum Beispiel so aus wie in Abb. 4.7.

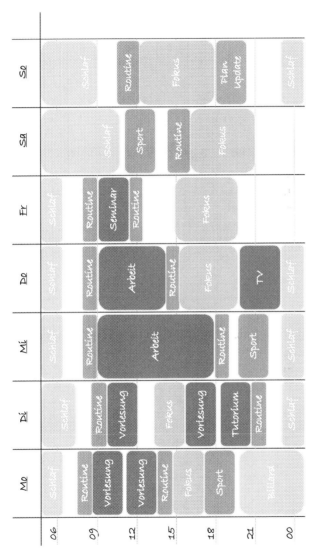

Abb. 4.7 Standard-Woche mit Fokuszeit

Vielleicht ist es Dir bereits aufgefallen – damit ist in der Woche Zeit für alle Deine Aufgaben. Die T-Aufgaben stehen als Termin im Kalender. Wann Du im Tagesverlauf Deine Routine absolvierst, steht ebenfalls im Kalender. Die A- und E-Aufgaben wirst Du in der Fokus-Zeit erledigen, die ebenfalls im Kalender steht. Lass uns im nächsten Schritt schauen, wie Du herausbekommst, welche konkreten Aufgaben Du in der Fokuszeit erledigst.

4.5   Dein Operational Learn Plan

Zunächst fügst Du alles in einem Dokument zusammen. Wie eingangs erwähnt, wird der Operational Learn Plan ein zentrales Dokument. Er steht Dir zur Seite und lässt Dich den Überblick behalten.

Um Deinen Operational Learn Plan zu erstellen, nimm Dir ein Papier oder eine leere Excel-Datei (ich persönlich mag digital, weil es nach Änderungen immer noch schick aussieht). Zunächst schreibst Du oben rechts auf die Seite alle Deine Routine-Punkte hin. Darunter folgt nun eine Tabelle. In die erste Spalte kommen alle Kalenderwochen der Planungs-zeit untereinander. Die zweite Spalte lässt Du frei und ab der dritten Spalte schreibst Du alle Deine Projekte in die erste Zeile. Das sieht nun zum Beispiel so aus wie in Abb. 4.8.

4.5.1 Verfügbare Zeit

Jetzt kümmern wir uns um die zweite Spalte, die verfüg-bare Zeit. Stell Dir die Frage: Wie viel fokussierte Stunden habe ich in *dieser* Woche, um Aufgaben zu erledigen? Du hast Deine Standard-Woche festgelegt, wie viel fokussierte Stunden Du regelmäßig hast. Nun müssen wir diese Zeit je Woche anpassen, denn vermutlich hast Du mal weniger oder mehr vor?

Operational Learn Plan (OLP)

Routine:

Stoff wiederholen, BWL-Definitionen lernen, Kopfrechnen üben, Sport

Wochen	BWL Grundlagen	Statistik	Schwedisch	Kosten- und Leistungs- rechnung	Nebenjob
KW 1					
KW 2					
KW 3					
KW 4					
KW 5					
KW 6					
KW 7					
KW 8					
KW 9					
KW 10					
KW 11					
KW 12					
KW 13					

Abb. 4.8   OLP-Erstellung Schritt 1

Hier kommen Deine einzelnen Termine zum Zug. Trage einmalige T-Aufgaben, private Verabredungen, Wochenendtrips in den Kalender ein. Schaue zudem in den

- generellen Kalender (Wann sind Feiertage?),
- den Kalender Deiner Schule/Universität (Wann sind Ferien?) und
- Kalender Deines Jobs (Wann hast Du Urlaub? Wann sind anstrengende Projekte?).

Das Prinzip ist simpel: Was von Deiner Standardwoche abweicht, wird berücksichtigt.

Falls Du von Freitag bis Sonntag einen Städtetrip machst und regelmäßig Freitag und Samstag je vier Stunden Fokuszeit liegen, reduzierst Du diese für die Woche um acht Stunden. Falls Du Donnerstag Vormittag regelmäßig vier Stunden lernst und an diesem Donnerstag Chorprobe ist, reduzierst Du die Zeit der Woche um (weitere) vier Stunden. Planst Du, Dich zu bewerben und ein paar Stunden für Unterlagen und Vorstellungsgespräche zu verwenden? Auch diese Zeiten solltest Du abziehen.

Genauso andersherum: In der vorlesungsfreien Zeit und/oder im Urlaub hast Du bestimmte Termine Deiner Standard-Woche nicht mehr. Deine verfügbare Zeit erhöht sich damit (erheblich).

Natürlich muss und wird alles noch nicht final sein. Hauptsache, die wesentlichen Dinge (z. B. Urlaub) stehen mit auf dem Zettel und Du hast sie im Gesamtzeitbudget berücksichtigt. Anpassungen kannst Du jederzeit vornehmen.

Eng mit der Frage verknüpft, wie viel Zeit Du zur Verfügung hast, sind Deine Deadlines. Wann sind die Klausuren? Wann sind die Präsentationen oder sonstige

Prüfungsleistungen, für die Du lernst? Trage diese in Deinen OLP in den zugehörigen Wochen ein. Wenn Du die genauen Termine noch nicht hast, nimm zunächst den frühestmöglichen Termin an (zum Beispiel das Ende der Vorlesungszeit).

Nun blockierst Du die letzten zwei Wochen vor jeder Deadline mit einem Kreuz. Das ist eine Art Versicherung, dass Du nicht bis auf die letzte Minute planst und – für unseren Lernflug gesprochen – eine gewisse Zeit im Reiseflug mit der Festigung des Wissens verbringst.

Nun steht ein sehr guter Rahmen. Du hast herausbekommen, wie viel Stunden Zeit Du jede Woche hast (schreibe die Summe in die letzte Zeile) und wo in den einzelnen Projekten Deine Deadline liegt. Der OLP sieht nun etwa so aus wie in Abb. 4.9.

4.5.2 Alles machbar?

Anhand der Informationen folgt ein grober Machbarkeitscheck. Wir wollen verhindern, uns in Detailarbeit zu stürzen, um später festzustellen, dass bis hierhin Anpassungen nötig sind.

In der manuellen Flugplanung gibt es das ebenfalls und nennt sich Preplanning. Hier wird mit vereinfachten Annahmen und Werten überschlagen, ob der angedachte Flug durchführbar scheint. Ist das der Fall, wird der Flug detailliert berechnet.

Summiere alle Stunden, die Du auf Deinen Projektaufgaben-Listen als benötigt für A- und E-Aufgaben stehen hast. Deckt sich die Summe mit der Summe der verfügbaren Zeit aus Spalte 2 Deines OLP? Wie groß ist die Differenz?

Wenn Du weniger Stunden brauchst als Du hast, ist alles wunderbar; wenn Du ein paar Stunden mehr

Operational Learn Plan (OLP)

Routine:
Stoff wiederholen, BWL-Definitionen lernen, Kopfrechnen üben, Sport

Wochen	Verfügbare Zeit	BWL Grundlagen	Statistik	Schwedisch	Kosten- und Leistungs- rechnung	Nebenjob
KW 1	14					
KW 2	12					
KW 3	4					Doppelte Std.
KW 4	10					
KW 5	12					
KW 6	9					
KW 7	7					
KW 8	28	X				Urlaub
KW 9	28	X			X	Urlaub
KW 10	15	Klausur			X	
KW 11	12		X	X	Klausur	
KW 12	12		X	X		
KW 13	14		Klausur	Mdl. Prüfung		
	177					

Abb. 4.9   OLP-Erstellung Schritt 2

brauchst, ist das auch kein Grund zur Panik. Was aber, wenn Du deutlich mehr Stunden benötigst, als Du hast? Nun hast Du drei Möglichkeiten:

- Möglichkeit 1: Teile die Differenz durch die Anzahl an Wochen Deiner Planungszeit: So viel Stunden pro Woche müsstest Du an Fokus-Zeit je Woche hinzufügen, um Dein Pensum zu schaffen. Ist das realistisch? Wenn Dir noch zwei Stunden pro Woche fehlen, findest Du vermutlich einen Block, der Dir das ermöglicht. Wenn Dir acht Stunden pro Woche fehlen (also realistischerweise ein ganzer Tag), eher nicht. Dann solltest Du besser…
- Möglichkeit 2: Die Projektaufgaben-Listen noch einmal anschauen und reduzieren (ggf. in Kombination mit Option 1, dann brauchst Du weniger streichen).

» Falls Du geneigt bist, diesen Schritt zu überspringen, bedenke: Ein Problem löst sich nicht, indem Du die Augen davor verschließt.

Diese Anpassungen sind ätzend, ich weiß. Aber zwingend notwendig. Ich kann nicht berechnen, dass mein Flugzeug eine viel längere Startstrecke benötigt, als vorhanden ist und sagen: „Och, let's go!"

Zufall und Glück können Dir helfen und Du wirst immer besser im Laufe der Zeit. Kann gut sein, dass Du mehr schaffst, als Du (zunächst) planst. Doch allein mit der *Hoffnung* darauf unsicher zu starten, ist nicht zu empfehlen. Du setzt Dich nicht, wie beim Fliegen, einem Absturzrisiko aus, aber Frust und Unzufriedenheit. Weil Du konstant weniger schaffst, als Du möchtest. Alternativ bist Du nach Hälfte der Planungszeit erschöpft, weil Du alle Aufgaben erledigst, aber das dazu benötigte Pensum nicht durchhalten kannst (Marathon vs. Sprint, erinnerst Du Dich?).

» Also, auch wenn es schwerfällt: Kläre das jetzt.

Ich dachte oft „Es kann nicht sein, dass ich mir viel zu viel vorgenommen habe." Alle Aufgaben schienen wichtig, nicht zu hoch gegriffen und mit Bedacht gewählt. Ich lief mit der Einstellung los „Okay, das wird herausfordernd, aber passt schon." Passte es nicht. Ich war ausgelaugt, unzufrieden und hatte das Gefühl, nichts zu schaffen. Dann sagte ich mir „Okay, ich brauche noch mehr Zeit" und legte neue Zeitfenster fest, in denen ich lernen wollte. Diese entsprachen immer weniger den oben genannten Kriterien und entsprechend wenig erfolgreich war das. Ich schaffte weiterhin nicht, was ich wollte, aber war noch kaputter. Erspar Dir das, indem Du (wie ich auch irgendwann kapiert habe) Dir Dinge in realistischem Umfang vornimmst.

4.5.3 Die Zeit aufteilen

Sobald Du zu dem Schluss kommst, dass das passt, können wir den OLP fertig ausfüllen. Wir teilen die Aufgaben auf die Wochen auf, priorisiert danach, welches Projekt als erstes fertig sein muss.

Beginne mit dem Projekt mit der frühesten Deadline. Teile den Gesamtbedarf an Stunden für die A- und E-Aufgaben des Projekts durch die Anzahl verfügbarer Wochen bis zur Deadline. Sind es von heute an noch sieben Wochen bis zur Prüfung (abzüglich der zwei Pufferwochen und Prüfungswoche also noch vier verfügbare Wochen) und fallen für das Projekt 20 h an, müssen jede Woche $20/4 = 5$ h Aufgaben erledigt werden.

Nun weißt Du, wie viel Du rechnerisch mit konsistentem Arbeiten pro Woche verbringen solltest, um rechtzeitig vor der Prüfung fertig zu sein. Wir gehen jetzt die Spalte des Projektes durch und arbeiten uns von der Deadline an nach oben. Idealerweise können wir zu jeder Kalenderwoche diese Stundenzahl schreiben. Wenn das mal nicht hinkommt, musst Du Zeit in die Woche davor oder dahinter verschieben, wo Du mehr Zeit hast. Ein Beispiel dazu findest Du in Abb. 4.10.

Gesamtbedarf (A+E): 20 Std.

Wochen bis zur Prüfung: 7

Verfügbare Wochen = Wochen bis zur Prüfung – Pufferwoche(n) – 1 = 7 – 2 – 1 = 4

Pro Woche zu erledigen = Gesamtbedarf / Verfügbare Wochen = 20 / 4 = 5 Std.

Wochen	Verfügbare Zeit	Beispiel-Projekt	
KW 1	14	7	In KW 2 nur 3 Std. verfügbar, daher werden die 2 fehlenden Std. in KW 1 mit untergebracht.
KW 2	3	3	
KW 3	2	2	In KW 3 nur 2 Std. verfügbar, daher werden die 3 fehlenden Std. in KW 4 mit untergebracht.
KW 4	14	8	
KW 5	1	X	
KW 6	15	X	
KW 7	14	Prüfung	

Abb. 4.10 Beispiel zur Zeitaufteilung

> »   Achtung: Berücksichtige   auch
> die   Kreuze.   Ein   eingetragenes
> „x" in den letzten zwei Wochen
> vor einer Prüfung zählt je fünf
> Stunden und hat Priorität.

Nun nimmst Du das zweitwichtigste Projekt und gehst genauso vor. Dann das drittwichtigste und so weiter. Das sorgt dafür, dass Du die Zeit priorisiert nutzt und Fortschritte in nötigem Umfang machst.

Am Ende hast Du eine Übersicht, wie viel Zeit Du pro Woche in welches Projekt stecken möchtest. Du musst Dich nie fragen: Schaffe ich den ganzen Stoff noch bis zur Klausur? Sollte ich lieber noch mehr lernen diese Woche? Sondern Du weißt: „Ja, schaffe ich und nein, brauche ich nicht. Ich habe einen Plan." Der fertige OLP sieht dann zum Beispiel so aus wie in Abb. 4.11.

Operational Learn Plan (OLP)

Stoff wiederholen, BWL-Definitionen lernen, Kopfrechnen üben, Sport

Routine:

Wochen	Verfügbare Zeit	BWL Grundlagen	Statistik	Schwedisch	Kosten- und Leistungs- rechnung	Nebenjob
KW 1	14	2,5			3	
KW 2	12	3,5			5,5	
KW 3	4	3,5			0,5	Doppelte Std.
KW 4	10	3,5			3	
KW 5	12	3,5		5,5	3	
KW 6	9	3,5		2,5	3	
KW 7	7	3,5		0,5	3	
KW 8	28	x	10	7,5	3	Urlaub
KW 9	28	x	10	4	x	Urlaub
KW 10	15	Klausur	5	x	x	
KW 11	12		x	x	Klausur	
KW 12	12		x	Mdl. Prüfung		
KW 13	14		Klausur			
	177	23,5	25	20	24	

Abb. 4.11 Fertiger OLP

4.6   Briefing

Du hast Deine Vorbereitung fast geschafft. Nach der Erstellung der Unterlagen ist noch eines wichtig: das Briefing. Du hast den Vorteil, dass Du nicht wirklich jemanden briefen musst. Aber Du solltest anhand Deiner Unterlagen folgende Fragen stellen und beantworten:

- Mache Dich mit der Route vertraut. Wo geht es lang? Welche Prüfungen kommen zuerst? Wo und wie setzt Du Deine Prioritäten?
- Bist Du am Limit oder hast Puffer? Das solltest Du bei der Übernahme weiterer Verpflichtungen (Initiative XY sucht dringend Mitglieder, Freund gründet Start-up, Freundin sucht Interviewpartner für ihren Podcast) berücksichtigen.
- Wo wird es besonders anstrengend? Vor, während und nach dieser Zeit solltest Du auf Deine Regeneration achten, also an dem Wochenende nicht den Road-Trip planen. Markiere Dir auch entspannte Phasen. Dann kannst Du diese noch viel mehr genießen und schöne Dinge planen.
- Ballt es sich thematisch zu bestimmten Zeiten (im obigen Beispiel in Statistik, Wochen 8–10)? Werde vorher nicht panisch, falls andere im Stoff bereits weiter sind als Du.
- Wie viel Stoff ist es insgesamt? Mehr/weniger, als Du bisher gelernt hast? Wie ging es Dir damit? Was nimmst Du Dir vor, um es (noch) besser hinzukriegen?

Zu guter Letzt solltest Du Dir Gedanken über den Ausweichflughafen, den Alternate, machen. Bis wann lassen sich Klausuren verschieben? Was tust Du, falls es mit einer oder mehreren der Prüfungen nicht klappt? Wann kannst Du die jeweilige Prüfung wiederholen? Gibt es Projekte, wo die Prüfung besonders wichtig ist – etwa weil das Modul nicht jedes Semester angeboten wird oder Voraussetzung für das nächste Semester ist? Diese Überlegungen kannst Du vorwegnehmen und Dir den Kopf freihalten für später, falls es brenzlig wird. Dann weißt Du, welches Modul Priorität hat und was Dein Plan B ist.

Super, damit haben wir die Flugdokumente fertig erstellt und das Briefing durchgeführt. Wir sind bestens auf den Flug vorbereitet und können nach draußen zum Flugzeug gehen und optimale Leistung abliefern.

4.7 Die Dokumente im Flug

Auf dem Weg zum Hangar beschreibe ich Dir, wie wir die Dokumente im Flug benutzen. Damit im Flug keine Unklarheiten entstehen und Du Dich ganz auf das Fliegen konzentrieren kannst.

4.7.1 OLP

» Der OLP sagt Dir immer, was Du zu tun hast und ob alles nach Plan verläuft.

Im echten Flug wird beispielsweise an den Wegpunkten die tatsächliche Treibstoffmenge mit der im Operational Flight Plan geplanten Menge verglichen.

Dein Operational Learn Plan ist kein finales Dokument, sondern wird laufend angepasst. Du überprüfst in dem in der Standard-Woche eingefügten Zeitfenster jede Woche, ob er noch den aktuellen Stand wiedergibt. Ich habe jeweils die letzte Woche angeschaut und mich gefragt: Hat irgendetwas von dem, was ich weiß, Einfluss auf meinen OLP? Wurde eine Präsentation verschoben? Habe ich meine vorgesehenen Zeiten der letzten Woche erfüllt oder muss ich umplanen? Hat sich die Stoffmenge geändert, hat der Professor ein Kapitel als nicht relevant erklärt? Auch kann es sein, dass Du nun die zuvor unbekannten Termine der Klausuren mitgeteilt bekommen hast. Oder in einem Fach besser einschätzen kannst, was genau Prüfungsstoff ist und wie tief Du alles verstehen und können musst.

Wenn es stark auf die Prüfungen zugeht, kannst Du den Plan nach Wunsch detaillierter auflösen, statt in Wochen in Tage. Das ist für lange Zeiträume nicht praktikabel, nimmt aber mehr „Last von der Seele" – was bei einer näher rückenden Prüfungsphase von Vorteil ist.

Das wöchentliche Update dauert nicht lang und sichert Dir einen stets aktuellen Plan. Nichts ist ärgerlicher, als wenn Du mit Mühe einen Plan erstellst, diesen aber nur zwei Wochen benutzt, weil er Dir danach (zurecht) veraltet erscheint.

4.7.2 Wochenplan

Der OLP zeigt, wie viel Zeit Du pro Woche in ein Projekt investieren willst – jedoch nicht, was genau Du tun willst. Daher erstellst Du jede Woche einen Wochenplan aus Deinem angepassten OLP. Der Wochenplan sieht ganz simpel aus, zum Beispiel wie in Abb. 4.12.

Du nimmst einen Zettel und schreibst vom OLP alle Projekte ab, die für die Woche ein Zeitkontingent bekommen haben. Daneben kommt die Anzahl der Stunden, die Du im OLP für das Projekt vergeben hast. Nun schaue in die zugehörige Projektaufgaben-Liste. Suche zur verfügbaren Stundenzahl passende Aufgaben raus und schreibe sie auf dem Wochenplan zu dem Projekt. Nun weißt Du, was Du diese Woche schaffen willst und kannst.

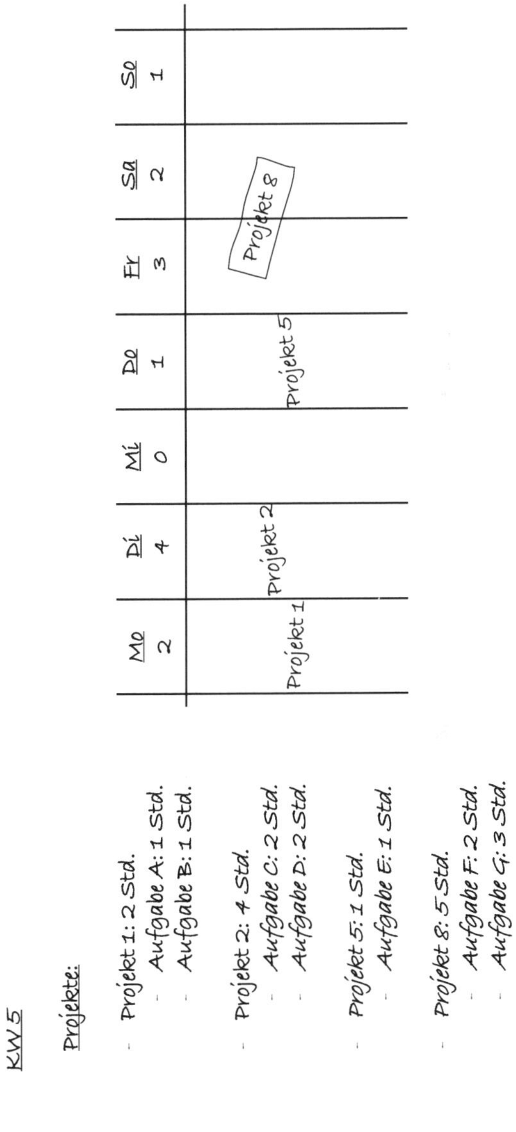

KW 5

Projekte:

- Projekt 1: 2 Std.
  - Aufgabe A: 1 Std.
  - Aufgabe B: 1 Std.

- Projekt 2: 4 Std.
  - Aufgabe C: 2 Std.
  - Aufgabe D: 2 Std.

- Projekt 5: 1 Std.
  - Aufgabe E: 1 Std.

- Projekt 8: 5 Std.
  - Aufgabe F: 2 Std.
  - Aufgabe G: 3 Std.

Mo 2	Di 4	Mi 0	Do 1	Fr 3	Sa 2	So 1
Projekt 1	Projekt 2		Projekt 5	Projekt 8		

Abb. 4.12 Wochenplan

Anschließend folgt die Zuordnung auf die einzelnen Tage. Schreibe die Tage Montag bis Sonntag auf und dazu, wie viel verfügbare Fokuszeit Du am jeweiligen Tag hast. Nun sortiere die Aufgaben auf die einzelnen Tage. Dabei kannst und solltest Du Rücksicht auf Deine persönliche Leistung nehmen. Montag ist nicht so Dein Tag? Dann dort nicht die Aufgabe, die Dir alle Nerven raubt.

Jeden Abend nimmst Du diesen Wochenplan und tust damit zwei Dinge: Abhaken, welche der Aufgaben Du erledigt hast und Deine Tagesliste erstellen.

4.7.3 Tagesliste

Die Tagesliste ist eine simple Auflistung der Aufgaben, die Du am Tag erledigen willst. Eine To-do-Liste? Fast: Du solltest gedanklich das Konstrukt der To-do-Liste abwandeln. „To do" gaukelt Dir vor, Du *musst* etwas tun (O-Ton: Was Du nicht willst). Das stimmt nicht. Du hast Dir Dein Ziel ausgesucht und *willst* die dafür nötigen Schritte gehen. Es ist eine *Want*-Do-Liste, wenn Du so möchtest. Oder neutraler formuliert: die Tagesliste. Da Du wunderbar geplant hast, stehen Deine Chancen exzellent, das zu schaffen, was Du Dir vorgenommen hast.

Bestenfalls überlegst Du direkt nach der Erstellung der Liste, in welcher Reihenfolge Du am kommenden Tag die Aufgaben erledigen möchtest. Das fällt mir mit der Nacht als Abstand immer etwas leichter.

Mit welcher Aufgabe beginnst Du am besten den Tag? Dazu gibt es verschiedene, von verschiedenen Menschen bevorzugte Methoden. Immer mit der schwersten aka „Eat-the-frog-first" (dann hast Du es hinter Dir). Immer mit der leichtesten (dann hast Du ein erstes Erfolgs-erlebnis). Immer mit der wichtigsten (alles andere zählt eh nicht). Immer mit der längsten (sonst schaffst Du sie womöglich nicht). Für mich hat sich folgende Frageliste bewährt, damit findet sich ein guter Start:

- Muss heute/morgen etwas fertig werden?
- Was darf am wenigsten liegen bleiben?
- Womit liege ich am weitesten zurück?
- Womit habe ich heute/gestern angefangen? Das andere.
- Worauf habe ich gerade mehr Lust?
- Worauf habe ich gerade weniger Lust?

Für mich funktioniert nicht jede Technik an jedem Tag gleich gut. Da ich vermute, Dir geht das ähnlich, probiere einfach über die Wochen aus, was für Dich passt.

Du hast jedenfalls für den Tag eine schöne Liste, die Dir sagt, was Deine jeweils nächste Aufgabe ist. Das bietet einen großartigen Vorteil: Du musst nicht darüber nachdenken, was Deine nächste Aufgabe ist. Wenn Du das jedes Mal nach Erledigung einer Aufgabe müsstest, kostete Dich das Zeit und Energie, die bereits in die nächste Aufgabe fließen könnten.

» Die Tagesliste ermöglicht Dir, Dein Pensum möglichst unterbrechungsfrei zu erledigen und Dir anschließend einen schönen Tag zu machen.

Wie gehst Du mit Aufgaben um, die am Tag dazukommen und nicht auf der Liste stehen? Das hängt von der Aufgabe ab. Für mich persönlich funktioniert es gut, kurze Aufgaben direkt zu erledigen. Du bekommst eine E-Mail, dass Du am Tresen Deinen Bibliotheksausweis verlängern musst? Geh einfach, sobald es passt, dort vorbei und tu es, anstatt eine Notiz in den Kalender oder Deine Liste(n) zu schreiben – den Aufwand kaum wert. Dann gibt es Aufgaben, die sind nicht kurz zu erledigen, aber unglaublich wichtig und können nicht warten. Etwa: Du wolltest für eine Klausur lernen, aber Dein Professor benötigt bis morgen früh ein aktualisiertes Exposé zur Anmeldung Deiner Prüfungsarbeit. Diese Aufgabe hat Priorität und schiebt die Einträge Deiner Tagesliste nach hinten (sofern diese nicht noch wichtiger sind).

Doch lass Dich nicht zu schnell aus Deinem Konzept bringen, nur weil Neues auftaucht. Die meisten Aufgaben sind weder wichtig noch dringend. Du hast dank Deiner Vorbereitung und Deinem OLP ein stabiles Gerüst. Du bist auf dem richtigen Weg. Falls Du nicht wirklich etwas Fundamentales übersehen hast, fallen die meisten neuen „Aufgaben" unter die Kategorie Ablenkung. Diese „Aufgaben" winken uns deshalb fröhlich zu, weil sie von Arbeit ablenken, auf die wir gerade keine Lust haben.

Deine Projektgruppe diskutiert angeregt im WhatsApp-Chat, ob Calibri oder Verdana die geeignete Schriftart für die Präsentation ist? Vielleicht ganz lustig, sich mit einzuklinken, aber klug? Nope. Du wärst produktiver, wenn Du gemäß Tagesliste zwei Stunden lernst und danach schaust, was bei der Diskussion rausgekommen ist.

Daher gilt: Wenn die Aufgabe weder kurz im Tagesverlauf einzuschieben noch unglaublich wichtig ist, notiere und vergiss sie direkt wieder. Am Abend kannst Du schauen, was Du damit machst. Du kannst die Aufgabe auf die neue Tagesliste einordnen, an einem anderen Tag im Wochenplan notieren oder in die zugehörige Projektliste schreiben. Du brauchst keine Sorge haben, dass Du das vergisst. Dafür sorgt ein sehr effektives Instrument, die Checklisten.

4.7.4 Checklisten

Eine Checkliste ist eine Liste mit Dingen, die, ja, gecheckt werden.

> » Du überprüfst bestimmte Dinge auf bestimmte Zustände.

Das sind in der Regel keine komplizierten Dinge und Zustände, sondern ganz simple: Ist die Tür (Ding) zu (Zustand)? Kurz hinschauen – ja. Ist das Handy aus? Kurz nachschauen – ja. In Kurzform würde das in einer Checkliste aussehen, wie in Abb. 4.13.

Im Flugbetrieb stehen Checklisten am Ende oder zu Beginn bestimmter Flugphasen. Sie prüfen, ob das Flugzeug bereit für die nächste Phase ist. Zum Beispiel wird nach dem Abheben die *After Takeoff Checklist* gelesen (Abb. 4.14).

BEISPIELCHECKLISTE

TÜR .... ZU
HANDY .... AUS

Abb. 4.13 Beispielcheckliste

AFTER TAKEOFF

FAHRWERK ...... EINGEFAHREN
KLAPPEN .... EINGEFAHREN
DRUCK .... EINGESTELLT

Abb. 4.14 After Takeoff Checklist

Die prüft, ob alles für den weiteren Steigflug auf Reiseflughöhe bereit ist. Sind Fahrwerk und Klappen eingefahren? Die Druckeinstellungen korrekt? Das wird geprüft, Abweichungen korrigiert und sicher im definierten Zustand fortgefahren (bzw. -geflogen, haha).

Wieso merkt man sich die drei Punkte nicht einfach als Pilot? Tut man, glaube mir. Checklisten prüfen normalerweise Dinge, die bereits erledigt wurden. Direkt nach dem Abheben wird das Fahrwerk eingefahren, ohne irgendeine Liste zu lesen – da denken die Piloten dran. Selbst den Wortlaut der Checklisten kennt man nach ein paar Flügen auswendig. Trotzdem *liest* man sie immer wieder. Checklisten stellen sicher, dass nichts vergessen wird. Sie beinhalten wesentliche Punkte, die erfüllt sein müssen, damit die Sicherheit gewährleistet ist.

» Sie sind ein Instrument, das die schlechten Tage auffängt, wo doch einmal etwas vergessen wurde.

Die Anwendung von Checklisten ist eine große Errungenschaft in der Sicherheitskultur der Luftfahrt. Von ihrem Erfolg überzeugt verwenden sie mittlerweile auch medizinisches Personal. Zum Beispiel gibt es die von der Weltgesundheitsorganisation entwickelte *Surgical Safety Checklist* (WHO 2009, siehe Abb. 4.15).

Hier prüft das OP-Team vor der Narkose unter anderem, ob der (richtige?) Patient vorbereitet und das nötige Equipment geprüft ist. Die Anwendung dieser Checkliste führte in einer in Norwegen durchgeführten Studie (Haugen et al. 2015) zu einer

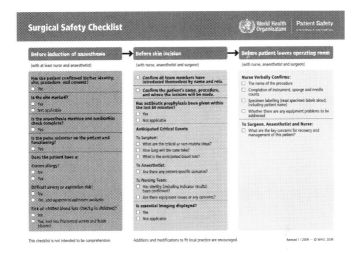

Abb. 4.15   WHO Surgical Safety Checklist (WHO 2009, S. 4–5)

- von 19,9 % auf 11,5 % gesunkenen Komplikationsrate,
- Verkürzung des nötigen Krankenhausaufenthalts um einen knappen Tag.

Beeindruckend, oder? Auch hier: Auch ohne Checkliste weiß das OP-Team, wie man eine Operation durchführt. Aber mit der Checkliste ist sichergestellt, dass bei *jeder* Operation die *wichtigsten* Punkte beachtet werden.

Beim Lernen steht (zum Glück) nicht so viel auf dem Spiel wie im Cockpit oder OP-Saal. Doch habe ich beim Lernen Checklisten verwendet. Sie befreien davon, an viele Kleinigkeiten denken zu müssen und von der Angst, etwas zu vergessen. Daher möchte ich Dir folgende Checklisten in den Abb. 4.16 und 4.17 empfehlen. Sie nehmen Bezug auf das Vorgehen und die Dokumente und sorgen dafür, dass Du an alles denkst.

Diese Checklisten kannst Du nach Belieben erweitern. Du kannst Dir auch ganz eigene Checklisten für andere Zeitpunkte schreiben. Ein Beispiel: Während meines

CHECKLISTE ZUM ENDE DES TAGES
ALTE TAGESLISTE .... ERLEDIGTES ABHAKEN
NEUE AUFGABEN? .... -> WOCHENPLAN / PROJEKTAUFGABEN
WOCHENPLAN .... AKTUALISIEREN
NEUE TAGESLISTE .... ERSTELLEN

Abb. 4.16 Checkliste zum Ende des Tages

CHECKLISTE ZUM ENDE DER WOCHE
WOCHENPLAN .... ERLEDIGTES ABHAKEN
NEUE AUFGABEN? .... -> PROJEKTAUFGABEN
OPERATIONAL LEARN PLAN .... AKTUALISIEREN
NEUEN WOCHENPLAN .... ERSTELLEN

Abb. 4.17 Checkliste zum Ende der Woche

CHECKLISTE ZUM NACHMITTAG
ERHOLEN/PAUSE .... ERLEDIGT
POMODORO .... START
EINHEIT 1 .... VERARBEITEN
EINHEIT 2 .... VERARBEITEN
EINHEIT 3 .... VERARBEITEN
SONSTIGE AUFGABEN .... PRÜFEN/MACHEN
OFFENE FRAGEN .... AUF FRAGEWAND
OFFENE AUFGABEN ...... AUF WOCHENENDLISTE
FRAGEWAND .... 2 FRAGEN WÄHLEN
AKKU .... AUFLADEN

Abb. 4.18 Checkliste zum Nachmittag

Theorieunterrichts in der Flugschule hatte ich jeden Tag drei Unterrichtseinheiten und den Nachmittag und Abend frei zum Selbststudium. Für die Nachmittage habe ich mir die Checkliste in Abb. 4.18 geschrieben.

Ich kam vom Unterricht nach Hause und machte erst mal Pause. Dann setzte ich mich an den Schreibtisch und nahm die Checkliste. Erster Punkt: Habe ich Pause gemacht? Ja, kann weitergehen. Zweiter Punkt: Den Pomodoro-Timer starten. Dann die Liste abarbeiten. Zunächst kamen die Einheiten des Tages dran, die ich mit Mindmaps und Karten verarbeitete (siehe Kap. 5). Danach erinnerte mich der Eintrag „Sonstige Aufgaben" daran nachzudenken, ob irgendetwas anderes zu erledigen blieb. Falls nicht, auch gut, dann einfach weiter. Anschließend notierte ich offene Fragen vom Lernen auf meine Fragewand (eine einfache Sammlung von Dingen, die ich nicht verstand). Offene Aufgaben schrieb ich auf meine Liste für das Wochenende, wo ich (meistens) Zeit dafür haben würde. Zum Abschluss bereitete ich den nächsten Tag vor: Ich suchte mir von meiner Fragewand zwei Fragen aus, die ich am nächsten Tag klären wollte. Danach schloss ich mein Tablet zum Aufladen an. Warum steht so etwas Banales mit drauf? Alle Skripte waren digital, damit war ein geladener Akku essenziell für den Tag. Nach dem zweiten Mal, an dem ich morgens mein Tablet aufklappte und es bei 15 % vom Vortag stand, beschloss ich, es auf die Checkliste zu setzen.

So viele Listen zu pflegen und nutzen klingt vielleicht aufwendig, ist es aber nicht. Für das Erstellen des Operational Learn Plans am Anfang ist etwas Zeit erforderlich. Für das wöchentliche Update des OLP brauchte ich 20 min inklusive des Erstellens des nächsten Wochenplans. Am Ende jeden Tages die Ziele für den nächsten Tag zu bestimmen, dauerte maximal 10 min. Also brauchst Du pro Woche (!) ca. 1,5 h (wovon der größte Block bereits in der Standard-Woche eingeplant ist). Diese Zeit holst Du mehrfach dadurch wieder herein, dass Du die restliche Zeit produktiv sein kannst.

> » Die Struktur ermöglicht Dir, produktiv zu sein. Die Struktur vermittelt Dir Sicherheit.

Du musst Dich nicht ständig fragen, ob Du etwas vergessen hast, Deine Zeit richtig verwendest, nicht ein anderes Projekt Deine Aufmerksamkeit braucht. Falls das der Fall ist, weißt Du, dass Dich die Struktur zum richtigen Zeitpunkt darauf aufmerksam macht.

Machen so viele Listen unflexibel? Nein. Im Gegenteil, nur mit einem guten Plan kannst Du überhaupt flexibel sein. Flexibel wird im alltäglichen Sprachgebrauch häufig mit spontan und unternehmungslustig gleichgesetzt. Also: „Lust auf einen Kaffee?" – „Ja klar, wollte eigentlich lernen, aber egal. Jetzt gleich?"

> » „Flexibel" impliziert jedoch, dass Du Dich an geänderte Umstände *anpasst,* nicht, Dich völlig nach ihnen zu richten.

Die Anpassung erfolgt in einem Maße, welches Dich das ursprüngliche Ziel noch erreichen lässt. Ein *flexibles* Material lässt sich biegen, aber zerbricht nicht direkt. Sonst wäre es *fragil.* Läufst Du blind jeder Terminanfrage hinterher, bist Du nicht flexibel, sondern beliebig. Zerbrechlich. Du kapitulierst vor Deinen Zielen.

Das heißt nicht, dass Du Dich nicht spontan auf einen Kaffee treffen kannst. Aber erst Dein Plan im Hintergrund ermöglicht Dir Flexibilität. Fragt Dich mittags jemand, ob

Du Zeit für einen Kaffee hast, kannst Du das fundiert entscheiden. Du bist schon durch mit dem Pensum? Wunderbar, der Tag gehört ganz Deiner Laune – ohne nagendes
Gefühl im Hinterkopf, ob Du nicht etwas tun solltest. Du
bist noch lange nicht durch mit dem Pensum? Vielleicht
lässt sich etwas verschieben oder Du fasst das Kaffee-Date
kürzer. Was immer Du tust, es ist Deine Entscheidung.
Aber erst die Struktur ermöglicht Dir, sie fundiert und
wirklich flexibel zu treffen.

4.8   Alles fit (to fly)?

Die Flugtauglichkeit der Crew ist Voraussetzung für einen
sicheren Flug. Wir haben besprochen, dass es wichtig ist,
sich während des Fluges fit zu halten. Das ist einfacher
oder sogar erst möglich, wenn man fit in den Flug geht.
Hat einer der Piloten kaum geschlafen, wird sich das auch
durch Powernaps nicht kompensieren lassen. Er/sie ist zu
müde und das kann ernsthafte Konsequenzen bis hin zum
Absturz haben. Fliegen ist damit keine Option.

So dramatisch sind die Folgen beim Lernen nicht. Doch
gilt:

> » Je fitter Du bist, desto mehr
> erreichst Du.

Daher möchte ich Dir folgenden Spruch ans Herz legen,
den Piloten verwenden, um vor dem Flug ihre Flugtauglichkeit zu kontrollieren. Nutze ihn, um festzustellen, ob
das Lernen für Dich gerade Sinn ergibt und/oder Du an
bestimmten Punkten nachbessern solltest.

Das Ganze basiert auf dem Akronym „I'M SAFE":

- I – Illness. Bist Du krank, fühlst Du Dich angeschlagen? Dann sind Lernen und Arbeiten nicht das Richtige für Dich, sondern das Bett. Falls Du trotzdem lernen musst, habe ich im Kap. 9 einige Tipps zusammengefasst, mit denen ich auch leicht kränklich lernen konnte.
- M – Medication. Nimmst Du Medikamente oder Drogen mit Einfluss auf Wachheit, Wahrnehmung und Bewusstsein? Diese sind dem Lernen nicht zuträglich.
- S – Stress. Hast Du gerade ein so hohes (Hintergrund-) Stresslevel, dass Du nicht wirklich klar denken kannst? Hier drunter fällt auch sozialer und emotionaler Druck. Solltest Du ganz woanders sein, zum Beispiel bei Deinem Freund, dem Du eine Entschuldigung schuldest? Emotional frustriert zu lernen bringt in der Regel nichts. Kläre die Dinge vorher und mache Dich befreit ans (Lern-)Werk.
- A – Alkohol. Selbstverständlich für Fliegen (und Autofahren) ein No-Go, aber ebenso beim Lernen schadet Alkohol Deiner Leistung. Auch falls Du nicht akut katerst, werden Dich die Reste der letzten Nacht stark bremsen. Bevor Du den halben Tag in der Bibliothek sitzt und nichts gerissen bekommst, kannst Du aufhören, Dir das vorzugaukeln und erst mittags hingehen.
- F – Fatigue. Bist Du wach genug? Oder von den letzten drei Tagen Wochenendseminar übermüdet und solltest ins Bett? Dann los!
- E – Eat & Drink. Hast Du ausreichend getrunken und gegessen? Eine ausreichende Nährstoff- und Flüssigkeitsversorgung ist essenziell für gutes Lernen, wir sprachen bereits darüber.

Während für die Tauglichkeit für das Fliegen schon die Erfüllung eines Punktes ausreichend ist, um einen Flug nicht anzutreten, musst Du das für einen Lerntag natürlich nicht so ernst nehmen. Es drohen anderen (die Ansteckungsgefahr ausgenommen) keine schlimmen Konsequenzen, wenn Du übermüdet, verkatert, mit Paracetamol gegen die Kopfschmerzen und die aufwallende Erkältung in der Bibliothek sitzt, die letzten Tage kaum Wasser getrunken hast und Dein Frühstück ein einziges Stück kalte Pizza vom Vortrinken gestern war. Doch ich denke, Du stimmst mir zu, dass Du im Bett mit Netflix besser aufgehoben wärst als bei der konsequenten Verfolgung Deines Lernplans.

Damit meine ich nicht, dass Du Dir vorschnell Ausreden suchen sollst, um nicht zu lernen. Diese Fragen geben eher Anhaltspunkte, um bei einer suboptimalen Ausgangssituation nachzusteuern. Angenommen, Dir graut es vor einem Anruf, den Du erledigen musst. Das fällt unter den Faktor S – Stress. Erledige den Anruf lieber vor dem Lernen und Du wirst besser lernen können. Beim weiteren Durchgehen des Spruches stellst Du fest, dass Du, weil Du so nervös warst, heute noch nichts richtig runterbekommen und getrunken hast (E – Eat & Drink). Du gehst in ein Café, isst einen frischen Salat und kippst einen dreiviertel Liter Wasser hinterher. Ich garantiere Dir aus eigener Erfahrung, dass sich die halbe Stunde, die das kostet, mehr als rentiert.

Wie Du mittlerweile weißt, überzeugt sich die Crew auch von der Flugtauglichkeit ihres Luftfahrzeuges. Dafür werden die Wartungsprotokolle angeschaut und vor allem ein Rundgang um das Flugzeug gemacht, bei dem alle sichtbaren kritischen Punkte (Reifen, Bremsen, Öffnungen, Lichter etc.) angeschaut werden.

Du kannst auch einige Dinge überprüfen. Hast Du alle Materialien bei Dir, die Du brauchst? Ist die Technik soweit? Der Laptop aufgeladen, der VPN-Client installiert?

Beim Fliegen ist der Check kritisch, denn im Gegensatz zum Lernen kann das Übersehene im Flug nicht mehr korrigiert werden. Du kannst einfach anfangen zu lernen und nach vier Minuten feststellen, dass Du an das Buch nicht herankommst. Acht Minuten warten, bis der VPN-Client installiert ist, anfangen zu lesen. Bei der ersten Notiz feststellen, dass der Kugelschreiber leer ist, jemanden suchen, der Dir einen leihen kann. Du siehst, worauf ich hinauswill. Es ist keinesfalls gefährlich, aber unterbricht Dich, immer und immer wieder. Das möchtest Du in der Fokuszeit vermeiden. Verschwende lieber vor dem Lernen einen kurzen Gedanken daran.

Nun sind alle Vorbereitungen abgeschlossen, wir und benötigtes Material sind flugtauglich und bereit. Pushback, Triebwerkstart. Fühlst Du die Vibration? Schon stehen wir an der Startbahn und es geht los.

Das Kapitel in Kürze

- Eine gute Vorbereitung ist der Schlüssel zu guter Leistung.
- Routine(n) ist/sind eine große Hilfe. Jeden Tag ein Stück in die richtige Richtung.
- Eine gute Planung erleichtert das Lernen. Es befreit Deinen Kopf von Zweifeln und von: „Oh, daran muss ich auch noch denken!"
- Ein Plan ist nur gut, wenn er regelmäßig überprüft und angepasst wird.
- Ein Plan ist nur gut, wenn er realistische Dinge verlangt.
- Checklisten lassen Dich den Überblick behalten und stellen sicher, dass Du folgenden Ablauf nicht vergisst:
  - Wöchentlich aktualisierst Du den *Operational Learn Plan* und erstellst einen neuen *Wochenplan.*
  - Täglich nimmst Du den Wochenplan und erstellst den nächsten *Tagesplan.*
  - Täglich erledigst Du die Aufgaben des Tagesplans.
- Optimale Leistung bringst Du in optimaler Verfassung. Benutze I'M SAFE, um zu schauen, ob/wo Du nachbessern kannst.

Empfehlung

- Unter „Weiterführende Literatur" am Ende des Buches findest Du zum Thema…
  - Produktivität und Selbstmanagement: Allen (2015)

You have control

- Sammle alle Deine Projekte. -> *Projektliste*
- Definiere die nötigen Aufgaben für jedes Projekt. -> *Projektaufgabenlisten*
- Lege fest, welche Aufgabentypen es sind und wie lang Du für Sie benötigst. *(Projektaufgabenlisten)*
- Erstelle Deine *Standard-Woche* und übertrage Sie in Deinen Kalender.
- Erstelle Deinen *Operational Learn Plan.* Mache einen *Machbarkeitscheck,* bevor Du alles ausfüllst.
- Briefe Dich zu Deinem Flug.
- Erweitere/erstelle für Dich geeignete *Checklisten* oder schreibe Dir für den Einstieg zumindest die aus den Abb. 4.16 und 4.17.
- Notiere Dir das I'M SAFE-Akronym z. B. als Notiz auf Deinem Handy, sodass Du überall darauf zugreifen kannst.

5

Start und Steigflug

Im echten wie im Lernflug sind Start und Steigflug die energieintensivsten Phasen. Das gilt für Triebwerke und analog für Dich beim Lernen. Doch davon lassen wir uns nicht abhalten: Bringe Dich auf Reiseflughöhe!

5.1   Ein Flug

Mit voller Konzentration beginnt der Start. Die Piloten sind jederzeit bereit, den Start abzubrechen, falls es die Situation erfordert. Nach dem Abheben wird das Fahrwerk eingefahren, um den Luftwiderstand zu verringern. Das Ziel ist, schnell Höhe zu gewinnen, um möglichen Hindernissen zu entgehen. Dafür laufen die Triebwerke mit sehr hohem Schub, den sie nicht lange vertragen.

Ist eine bestimmte Höhe erreicht (in der Regel ca. 300–450 m) wird der Schub daher reduziert und die Nase etwas abgesenkt. Das spürt man als Passagier sehr gut,

© Der/die Autor(en), exklusiv lizenziert durch Springer-Verlag GmbH, DE, ein Teil von Springer Nature 2022
Y. Steineker, *Die Piloten-Lernstrategie,*
https://doi.org/10.1007/978-3-662-64455-3_5

achte mal darauf. Jetzt wird das Flugzeug schneller und steigt auf Reiseflughöhe. Bei Überschreiten bestimmter Geschwindigkeiten werden die Klappen eingefahren. Auf Reiseflughöhe kann (je nach gewünschter Reisegeschwindigkeit) der Schub erneut reduziert werden, da nicht mehr so viel Energie wie zum Steigen benötigt wird.

Je nach Fluglänge kann der Steigflug einen nur sehr geringen zeitlichen Anteil an der Gesamtflugzeit haben. Dafür ist der Energieverbrauch pro Zeiteinheit sehr hoch. Sehr, sehr viel Arbeit wird hineingesteckt, um die Reiseflughöhe zu erreichen.

5.2   Dein Lernflug

In Deinem Lernflug wird der Steigflug einen größeren Teil des Fluges in Anspruch nehmen. Je nach Stoffumfang ist erhebliche Arbeit erforderlich, um Dich auf Reiseflughöhe vorzuarbeiten, also um den gesamten Stoff erarbeitet zu haben. Das Ziel ist daher, möglichst schnell im Reiseflug anzukommen, wo Du den Schub reduzieren kannst.

Du wirst Deinen Lernstoff so aufbereiten, dass Du ihn gut lernen und wiederholen kannst. Wir werden besprechen, wie Du für einzelne Inhalte die richtige Technik findest.

Fokussiere Dich. Fokussierte Arbeit ist gerade in dieser Phase der Schlüssel zum Erfolg. Gerade wenn wir etwas noch nicht gut können, kommt unser Gehirn schlecht mit Ablenkungen klar.

5.3   Erarbeite Deinen Stoff

Unter Erarbeitung verstehe ich alle Schritte, die Stoff so aufbereiten, dass Du ihn lernen kannst. Wir verarbeiten den Stoff so, dass Du das Lehrbuch zum weiteren Lernen nicht mehr brauchst. Das kann heißen, eine Zusammenfassung oder Karteikarten zu schreiben, eine Mindmap zu erstellen oder Merksprüche zu überlegen. Wichtig ist die Auswahl der optimalen Technik für den jeweiligen Anwendungsfall und alles in einem guten System zur Wiederholung unterzubringen.

Ich habe mit verschiedensten Instrumenten herumexperimentiert. Zu Beginn des Gymnasiums fing es mit Karteikarten-Lernen für Vokabeln an. Sobald meine Mutter meinen anfänglichen Widerstand überwunden hatte, wurde ich ein großer Fan. Ich schrieb auch andere Dinge auf Karteikarten, zum Beispiel Jahreszahlen und zugehörige Ereignisse in Geschichte. Von den erzielten Lernerfolgen angetrieben, begann ich, Literatur zum Lernen und zu Lerntechniken zu lesen.

Mit der Zeit wurden Karteikarten etwas eintönig, weswegen ich etwas Neues ausprobieren wollte: Mindmaps. Das lief zunächst nicht erfolgreich und ich war enttäuscht, wurde in Büchern so von ihnen geschwärmt. Doch kam mir beim Selbst-Zeichnen alles unschön, unpassend und erst recht nicht einfach zu merken vor.

Vor Beginn des Studiums las ich weiter Bücher zum Thema „Wie lerne ich?". Dabei stieß ich immer wieder auf Mindmaps – irgendwie verfolgte mich das Thema. Ich beschloss, dem noch eine Chance zu geben. Die ersten Entwürfe waren schwierig. Doch ich dachte an das, was wir oben besprochen haben: Alles ist schwer, bevor es leicht wird. Tatsächlich wurden Mindmaps (zur Verwunderung meiner Kommilitoninnen und Kommilitonen) meine favorisierte Lernmethode. Im Laufe meines Studiums sollte ich über 500 Mindmaps zur Vorbereitung auf alle meine Prüfungen erstellen und mit ihnen lernen, ergänzt durch 3000 Karteikarten.

In der Pilotenausbildung verwendete ich weiterhin Mindmaps und schrieb ebenfalls viele Karteikarten (ca. weitere 5000 Stück). Aufgrund der vielen nötigen Detailkenntnisse wurde ich hier zusätzlich Fan von Gedächtnistechniken.

» Wichtig ist, dass Du den Stoff *verstehst,* bevor Du ihn (mit welcher Lernmethode auch immer) erarbeitest.

Nicht verstandenen Stoff kannst Du Dir schlecht merken (das frustriert). Nicht verstandenen Stoff musst Du ausführlicher aufschreiben, weil Du nicht weißt, was wichtig und unwichtig ist (das dauert). Nicht verstandenen Stoff kannst Du schlecht oder gar nicht erklären und anwenden (das kostet Punkte in Prüfungen und blamiert vor der Chefin).

Also kläre die Dinge, sodass Du sie verstehst. Such Dir ein anderes Buch zu dem Thema, ist es dort besser erklärt? Google. Frage Menschen.

Du musst dabei aufpassen, nicht alle drei Minuten vom Stuhl aufzuspringen, Stichwort Fokus. Eine gute Methode ist daher die Fragewand, von der Du oben schon in meiner Checkliste gehört hast. Für mich war es einfach ein Word-Dokument, in dem ich alle Fragen aufgeschrieben habe. Du kannst alle Fragen notieren und sie gesammelt (!) mit jemandem besprechen, vermeidest also ständige

Unterbrechungen. Das empfiehlt sich insbesondere, wenn es mehrere kleine Fragen sind. Falls Du ein Kapitel erarbeiten willst und dessen Grundgedanken nicht verstehst, wäre es ratsam, das erst zu klären.

5.3.1   Karteikarten

» Karteikarten sind ein ausgesprochen effektives Instrument zum Lernen von Fakten.

Das Prinzip ist simpel und Dir vermutlich bekannt: Du schreibst auf die Vorderseite der Karteikarte eine Frage („Wie heißt die Hauptstadt von Deutschland?") und auf die Rückseite die Antwort („Berlin"). Beim späteren Lernen liest Du die Frage, überlegst die Antwort, drehst die Karte um und überprüfst, ob Deine Antwort richtig war.

Es gibt Apps und Programme, mit denen Du digital Karteikarten erstellen kannst. Diese bieten Vorteile gegenüber Papierkarten. Ich habe im Laufe des Studiums und der Pilotenausbildung über 8000 Karteikarten erstellt. Das ist auf Papier nicht realistisch. Ich kann so viele Karten nicht in Kästen verwalten und vor allem (als Pendler wichtig) nicht mitnehmen. Zum Ende des Bachelor-Studiums stieg ich daher komplett auf digitale Karten um. Damit war es superunkompliziert, auf dem Weg zur Arbeit Karteikarten durchzugehen. Dazu später mehr, wenn wir uns im Kap. 6 an das Lernen und Wiederholen machen.

Erst mal wollen wir schauen, wie wir Stoff mit Kartei-
karten erarbeiten.[1] Die Standard-Karteikarte folgt dem
Frage-Antwort-Prinzip. Wichtig ist, dass Frage und
Antwort *eindeutig* zueinander passen. Bei einer Fakten-
Frage wie oben oder bei Vokabeln ist das einfach. Doch
bei manchen Stoffen könnten zu einer Frage verschiedene
Antworten passen. Die Frage „Was ist wichtig im
Marketing?" ist gänzlich ungeeignet, da sehr viele Dinge
im Marketing wichtig sind (außerdem: wofür wichtig?).

Im Studium begegnete mir gern, dass in verschiedenen
Modulen zu ein und demselben Begriff verschiedene
Definitionen verwendet und abgefragt wurden. So gab
es in der BWL-Einführungsveranstaltung, in der Unter-
nehmensführungsvorlesung und im Arbeitsrecht eine
wenig bis stark unterschiedliche Definition von „Betrieb".
Hätte ich auf die Vorderseite nur „Definition ‚Betrieb'"
geschrieben, könnte mein Hirn drei potenzielle Antworten
ausspucken. Drehe ich beim Lernen die Karte um, sehe
ich nur eine (also vielleicht eine andere) und kann nicht
prüfen, ob meine Antwort richtig war.

Wähle Deine Fragen so, dass es auf sie eine *ein*deutige
Antwort gibt. Für das eben erwähnte Beispiel habe ich je
eine Karte mit „Juristische Definition ‚Betrieb'", „Unter-
nehmensführung: Definition ‚Betrieb'" und „BWL-Ein-
führung: Definition ‚Betrieb'" geschrieben. Du kannst das
Ganze erleichtern, wenn Du in eine Kartenecke das Fach
schreibst, zum Beispiel „Prod I.4" für „Produktion und
Logistik Modul 1, Kap. 4". Bei digitalen Karten erübrigt
sich das meist, da sich diese im Programm ordnen lassen.

---

[1] Eine Anmerkung zum Erarbeiten von Stoff: In irgendeiner Form überträgst
Du Informationen, von irgendwo auf zum Beispiel eine Karteikarte oder
Mindmap. Du musst aufpassen, ob Du das *darfst*. Gerade beruflich kann hier
schnell ein Problem bestehen. Vermutlich darfst Du zum Beispiel aus einem
geschützten Firmensystem keine Daten übertragen (erst recht nicht digital in
eine fremde Karteikarten-Cloud) und/oder diese aus dem Büro entfernen.

Neben den Frage-Antwort-Karten verwende ich gerne

» Verknüpfungskarten. Diese sind hilfreich, wenn eine Stoffmenge aus mehreren Elementen besteht, die Du sowohl einzeln als auch gemeinsam abrufen können willst.

Schauen wir uns dazu in Abb. 5.1 ein Beispiel an.

In der Prüfung wäre es hilfreich, das gesamte Spektrum zu kennen. Auf die Frage „Wie ist die Frequenz von

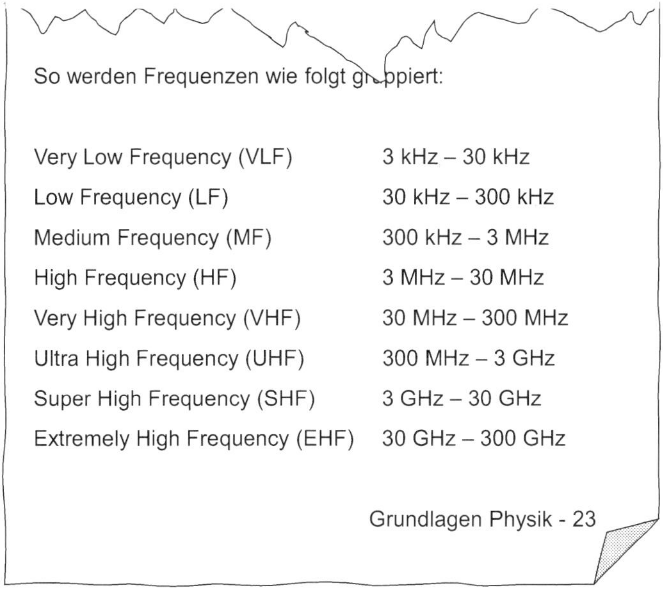

So werden Frequenzen wie folgt gruppiert:

Very Low Frequency (VLF)	3 kHz – 30 kHz
Low Frequency (LF)	30 kHz – 300 kHz
Medium Frequency (MF)	300 kHz – 3 MHz
High Frequency (HF)	3 MHz – 30 MHz
Very High Frequency (VHF)	30 MHz – 300 MHz
Ultra High Frequency (UHF)	300 MHz – 3 GHz
Super High Frequency (SHF)	3 GHz – 30 GHz
Extremely High Frequency (EHF)	30 GHz – 300 GHz

Grundlagen Physik - 23

Abb. 5.1   Beispiel Frequenzspektrum

MF-Wellen?" möchte ich aber direkt die Antwort wissen, ohne gedanklich alle Frequenzen von oben oder unten herbeten zu müssen. Daher schreibe ich eine Kartei-karte „Frequenzspektren Radio-Wellen Übersicht" (Ver-knüpfungskarte) und für jede Frequenz eine eigene Karte „Radiowelle XY Frequenzspektrum".

Bei aufeinander aufbauenden Zahlenreihen wie oben (3 – 30 – 300 – 3 – 30 – 300 …) kann es einfacher sein, zunächst alle miteinander durchzugehen (Verknüpfungs-karte) und später an der Abrufbarkeit der einzelnen Werte zu arbeiten.

Das gleiche Prinzip ist häufig bei Rechenwegen und damit verbundenen Formeln relevant. Hier musst Du die Formeln unabhängig voneinander einsetzen und abrufen können, aber auch den Rechenweg. Hierzu ein Beispiel in Abb. 5.2.

Das verdient eine Karteikarte. Damit Du den Economic Profit berechnen kannst, musst Du aber auch die Formel für den ROIC kennen, welche sich unter Umständen

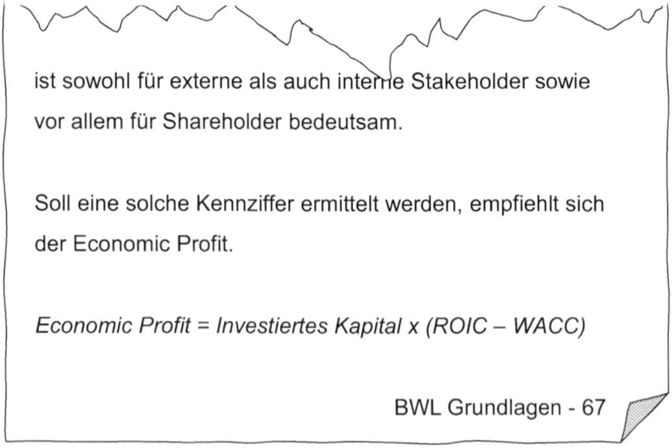

ist sowohl für externe als auch interne Stakeholder sowie vor allem für Shareholder bedeutsam.

Soll eine solche Kennziffer ermittelt werden, empfiehlt sich der Economic Profit.

Economic Profit = Investiertes Kapital x (ROIC – WACC)

BWL Grundlagen - 67

Abb. 5.2 Beispiel Economic Profit

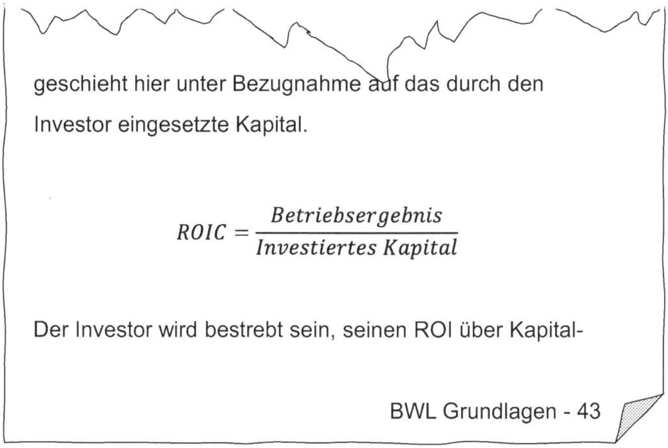

geschieht hier unter Bezugnahme auf das durch den Investor eingesetzte Kapital.

$$ROIC = \frac{Betriebsergebnis}{Investiertes\ Kapital}$$

Der Investor wird bestrebt sein, seinen ROI über Kapital-

BWL Grundlagen - 43

Abb. 5.3 Beispiel ROIC

an anderer Stelle im Buch befindet (Abb. 5.3). Da Du unabhängig vom Economic Profit wie aus der Pistole geschossen einen Return on Invest berechnen können willst, empfiehlt es sich, dafür eine extra Karte zu schreiben.

Das grundsätzliche Vorgehen für die Erarbeitung mit Karteikarten ist also:

» Durchsuche Deinen Lernstoff nach möglichst kleinen Informationshappen. Jeden Informationshappen übersetzt Du nach Frage-Antwort-Prinzip. Prüfe, ob zwischen den Happen Verknüpfungen bestehen und schreibe in diesem Fall Verknüpfungskarten.

5.3.2 Mindmaps

» Eine Mindmap ist eine halb geschriebene, halb gemalte Karte zu einem Thema, die auf einer freien Fläche festgehalten wird.

Das Ganze sieht zum Beispiel so aus wie in Abb. 5.4 (Mindmap aus meinem Studium zum Thema Distributionspolitik).

„Zum Beispiel" ist hier keine Phrase. Bezüglich Deiner Kreativität beim Gestalten von Mindmaps sind keine Grenzen gesetzt. Die Größe der Mindmap variiert mit Detailgrad und Umfang des Stoffes. Eine Mindmap lebt von ihrer Einfachheit. Verzettle Dich nicht in Details, sondern schreibe idealerweise ein Wort an jeden Ast.

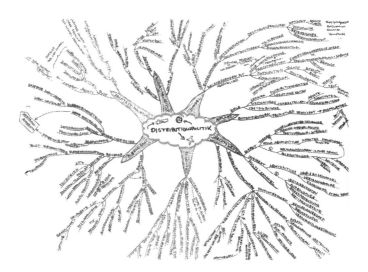

Abb. 5.4   Mindmap-Beispiel zur Distributionspolitik

Ich bin ein großer Fan von Mindmaps für verschiedenste Anwendungsfälle. Du kannst sie flexibel einsetzen: zum Lernen, Brainstorming, Notizenmachen, Strukturieren eines Schreibprojekts (dieses Buch). Mindmaps schaffen einen fantastischen Überblick über das Thema. Sie ordnen die Inhalte übersichtlich, sodass Du sie gut lernen oder verschriftlichen kannst. Mindmaps fördern darüber hinaus Deine Kreativität. Du kannst bei regelmäßiger Nutzung Dinge besser miteinander verknüpfen und siehst Zusammenhänge, wo andere keine sehen.

Mindmaps bringen Struktur in die Dinge. Allein dadurch, dass sie dazu zwingen, Dinge einem bestimmten Ast zuzuordnen. Gerade für das Lernen ist das ideal, denn das Gehirn kann sich sinnige, geordnete Dinge merken. Mit zusammengewürfeltem Müll kann es hingegen wenig anfangen. Schauen wir uns folgendes Beispiel dazu an. Versuche bitte, Dir innerhalb einer Minute die Begriffe auf dem Zettel in Abb. 5.5 zu merken.

Das fiel schwer, oder? Man kann hier vielleicht ein Thema erahnen, doch kein Muster oder eine Ordnung erkennen. Damit musste sich Dein Gehirn viele, viele einzelne Dinge merken.

Das überfordert das Gehirn schnell. Wir können es ihm leichter machen, wenn wir Kisten oder Schubladen

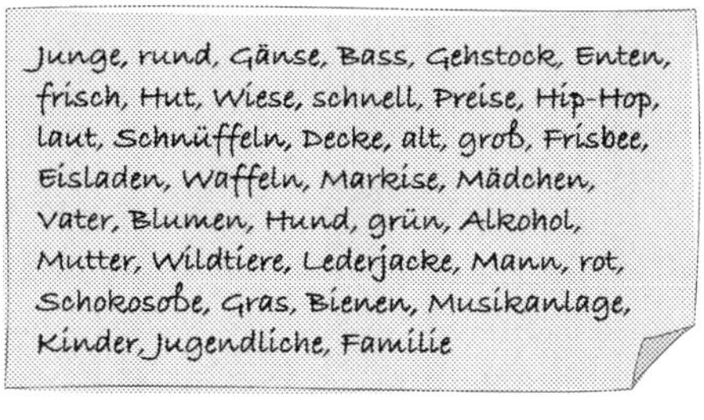

Junge, rund, Gänse, Bass, Gehstock, Enten, frisch, Hut, Wiese, schnell, Preise, Hip-Hop, laut, Schnüffeln, Decke, alt, groß, Frisbee, Eisladen, Waffeln, Markise, Mädchen, Vater, Blumen, Hund, grün, Alkohol, Mutter, Wildtiere, Lederjacke, Mann, rot, Schokosoße, Gras, Bienen, Musikanlage, Kinder, Jugendliche, Familie

Abb. 5.5 Begriffe zum Merken

nehmen, in die wir die Begriffe räumen. Natürlich packen wir nur zusammengehörige Dinge in eine Schublade, sodass wir einen passenden Titel darauf schreiben können. Die Anzahl an Begriffen bleibt dieselbe, doch herrscht Ordnung. Die Masse wirkt nicht mehr überwältigend.

Eine Mindmap macht genau das. Sie packt in Stränge zusammen, was zusammengehört und fasst es unter einem treffenden Begriff zusammen. Sie ordnet zusammengehörige Dinge in einer Schublade, zusammengehörige Schubladen in einem Schrank, zusammengehörige Schränke in einem Zimmer, zusammengehörige Zimmer in einem Haus, zusammengehörige Häuser in einer Nachbarschaft – Du verstehst, worauf ich hinauswill. Für die obige Liste könnte das so aussehen wie in Abb. 5.6.

Nimm Dir noch einmal eine Minute Zeit und merke Dir so viele Begriffe wie möglich.

Das ging einfacher, oder? Das liegt daran, dass wir dem Gehirn mit den einzelnen Mindmap-Strängen Schubladen anbieten, in denen es die Informationen verstauen kann. Dann weiß Dein Gehirn auch besser (für die Prüfung entscheidend), wo es nachschauen muss, um sie hervorzukramen.

> » Beim Lernen dreht sich viel darum, die Struktur des Lernstoffes zu durchdringen.

Du musst die Inhalte im Kopf so drehen und wenden, dass sie Dein Gehirn gut abspeichern kann, sie *verarbeiten*. Mit einer Mindmap machst Du es Deinem Gehirn und Dir leicht, das zu tun. Du suchst bewusst nach der geeigneten Struktur und schreibst Deine Notizen so auf, wie es für das Lernen richtig ist.

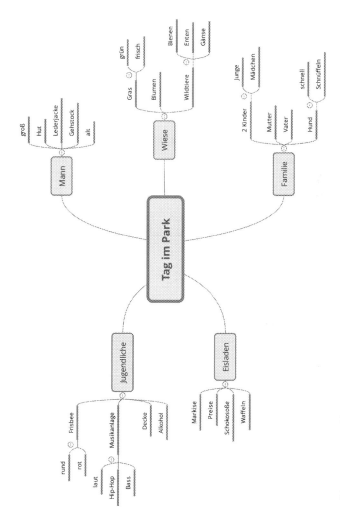

Abb. 5.6 Begriffe zum Merken als Mindmap

Das zahlt sich insbesondere aus, wenn das Lernmaterial die nötige Lerntauglichkeit vermissen lässt. Es gibt schlecht geschriebene und/oder unverständliche Bücher, schlecht strukturierte und/oder vorgetragene Vorlesungen. Daran kann man nicht viel ändern. Man kommt auf dem Weg zur Prüfung nicht dran vorbei mit diesen Dingen umzugehen. Ein erster Schritt ist, sich mit einer Mindmap die Struktur vorzuknöpfen und sie in etwas Verständliches zu überführen.

Selbst bei guten Büchern, Skripten und Vorlesungen (die es zum Glück auch gibt) lohnt sich eine Überprüfung der Struktur. Sind alle Schubladen richtig gefüllt und beschriftet? Passt die Struktur für Dich, Dein Lernen, Dein Verständnis? Manchmal nicht.

Das hängt mit unterschiedlichen Zielen von Dir und dem/der Autor/-in zusammen. Du willst lernen. Die Struktur eines Buches – auch eines *Lehr*buches – ist darauf ausgelegt, möglichst gut *les*bar zu sein. Das ist nicht zwingend das Gleiche wie *lern*bar. Die Struktur eines Vortrages ist darauf ausgelegt, dem Vortrag gut folgen zu können (eventuell sogar spannend zu sein). Das ist ebenfalls nicht zwingend das Gleiche wie lernbar. Zu guter Letzt gibt es Inhalte, die gar nicht auf Lehre abzielen. Gesetze und Verordnungen folgen beispielsweise der Absicht, rechtssicher formuliert zu sein – das Verständnis (für Laien) oder eine mögliche Lernbarkeit sind zweitrangig.

Möchtest Du Inhalte lernen, solltest Du die Struktur überprüfen und, falls nötig, neu auf Lernen ausrichten. Versteh mich nicht falsch, die Lernstruktur wird in der Regel der des Buches oder Vortrages folgen. Du musst nicht das Rad neu erfinden. Doch manchmal liegt der Teufel im Detail und Du ersparst Dir Ärger beim Lernen, wenn Du die Struktur bei der Erarbeitung direkt geraderückst. Mindmaps machen Dir diese Umstrukturierung leicht.

Wie erstellst Du eine Mindmap? Es gibt wenige Grundregeln, die Dir helfen. Erstens eignet sich meistens das Querformat. Zweitens steht das Thema der Map prominent und erkennbar, zum Beispiel in der Mitte und auffällig geschrieben. Drittens gehen von dem Thema einzelne Stränge ab, an deren Ende ein (Unter-)Titel steht. Viertens können von diesen Untertiteln beliebig viele Stränge mit weiteren Untertiteln abgehen und so weiter. Fünftens kannst Du mit Pfeilen, Symbolen, Zeichnungen, Farben, Sprechblasen, unterschiedlichen Schriftarten Verknüpfungen malen und aufzeigen, wo immer Du willst.

Dabei stellt sich auch hier die Frage, ob Du digital oder analog arbeiten möchtest. Es gibt Programme, mit denen Du Mindmaps digital erstellen kannst. Ich selbst verwendete eines für die Struktur dieses Buches. Auch im Unternehmen habe ich häufig digitale Mindmaps eingesetzt. Sie haben die Vorteile, dass sie zu jedem Zeitpunkt recht ordentlich aussehen, für andere Personen (besser) lesbar, unendlich erweiterbar und jederzeit ohne Tipp-Ex-Orgien anpassbar sind. Du kannst sie in großer Zahl überall hin mitnehmen, einfach übertragen, anderen Menschen als Bild senden, sie in andere Programme exportieren. Klingt toll, oder? Ist es auch. Ich empfehle für Lernzwecke trotzdem die handschriftliche Erstellung von Mindmaps.

Analoge Mindmaps bieten auf das Lernen bezogen Vorteile, die ihre digitalen Geschwister nicht bieten. Sie ermöglichen, kleine Zeichnungen einzufügen und diese handschriftlich selbst zu malen.

> » So wird Dein Gehirn ganzheit-
> licher beansprucht und Du kannst
> Dir die verknüpften Inhalte
> besser merken.

Die Mindmaps „leben". Du stellst fest, dass der eine Strang woanders hingehört, schneidest ihn aus, klebst ihn an eine andere Stelle. Du verzeichnest Dich, streichst den Strang durch oder überklebst ihn umständlich. Mit diesen Tätigkeiten verknüpfst Du, was Du anschließend auf die leicht von der Klebe durchweichte Oberfläche geschrieben hast. Am Ende erhältst Du eine einzigartige Mindmap, die Du Dir aufgrund ihrer Einzigartigkeit und der vielen manuellen Handgriffe gut einprägen kannst.

Das Beste aus beiden Welten bekommst Du, wenn Du eine Mindmap handschriftlich erstellst und sie einscannst oder fotografierst. Damit hast Du eine digitale Version überall zugriffsbereit und das Original zuhause, falls Du es anpassen oder ergänzen möchtest. Die digitale Version kannst Du wunderbar Kommilitoninnen und Kommilitonen schicken, vielleicht haben sie noch Ergänzungen und/oder können sie auch gut zum Lernen nutzen?

Das grundsätzliche Vorgehen für die Erarbeitung mit Mindmaps ist:

> » Nimm ein leeres Blatt und schreibe
> das Thema prominent darauf.

Durchdringe die dem Lernstoff zugrunde liegende Struktur, indem Du Dich in beliebiger Reihenfolge Ast für Ast vorarbeitest.

> » Lass Deiner Kreativität freien Lauf und zeichne, was Deinem Verständnis dient (Symbole, Pfeile, Kritzeleien).

5.3.3 Gedächtnistechniken

Hast Du schon einmal von Gedächtnismeisterschaften gehört? Dort treten Menschen in Disziplinen gegeneinander an, die mit Auswendiglernen zu tun haben. 2015 gelang es Johannes Mallow bei der deutschen Gedächtnismeisterschaft MEMO MASTERS, in fünf Minuten 504 willkürlich durcheinandergewürfelte Ziffern auswendig zu lernen und diese in korrekter Reihenfolge wiederzugeben (GGK e. V. o. J.). Eine wahnsinnige Leistung, oder?

Möglich ist so etwas, wie in anderen Sportarten, dank viel Training und bestimmter Techniken. Ich kann Dich entweder beruhigen oder muss Dich enttäuschen, wir werden uns nicht anschauen, wie wir dieses Niveau erreichen. Um Dir das beizubringen, wäre ich der Falsche.

Doch auch ohne jahrelanges Training, besondere Begabung oder Meisterschaften zu gewinnen, kannst Du Gedächtnistechniken für das Lernen nutzen. Im Wesentlichen sind es Methoden, um Informationen so aufzubereiten, dass Du sie Dir merken kannst. Wir schauen uns nun zwei an.

5.3.3.1 Merksätze

Eine klassische Gedächtnistechnik sind Merksätze, auch Eselsbrücken genannt. Die erste Eselsbrücke, von der ich hörte, war: „7, 5, 3, Rom schlüpft aus dem Ei". Hier wird in einem Reim das Gründungsjahr der Stadt Rom (753 v. Chr.) mit dem Bild verknüpft, wie ein Küken aus dem Ei springt. Man hat den reimenden Singsang schnell im Kopf und kann so auf den Fakt zugreifen. Das funktioniert nicht perfekt und eindeutig („7, 5, 2 (!), Rom schlüpft aus dem Ei" reimt sich auch), aber im Wesentlichen gut.

Gedächtnistechniken ermöglichen, sich unbekannte Dinge (wie die Zahlenfolge 753) zu merken. Das funktioniert, indem die unbekannten Dinge mit Bekanntem (wie dem Schlüpfen aus dem Ei, um Geburt bzw. Gründung zu symbolisieren und einem harmonischen Reim) verknüpft werden. Das Bekannte lässt sich leicht behalten oder Du weißt es ohnehin schon. Es ist eine Art leerer Zugwaggon, auf dem Du Unbekanntes, was Du Dir merken möchtest, auflädst.

> »   Merksätze sind Gold wert, wenn Du Elemente vollständig und in einer bestimmten Reihenfolge abrufen können musst.

Das bezweckt zum Beispiel der bekannte Merksatz „*N*ie *o*hne *S*eife *w*aschen", um die Himmelsrichtungen *N*orden, *O*sten, *S*üden und *W*esten zu lernen. Der Satz ergibt Sinn und lässt sich daher gut merken (Bekanntes). Die Anfangsbuchstaben geben den Hinweis auf das Unbekannte, die Reihenfolge der Himmelsrichtungen. Dabei findet ein Rückgriff auf den Uhrzeigersinn (bekannt) statt, damit die Ausrichtung (unbekannt) stimmt.

Bestimmt kennst Du auch den Merksatz (gleiches Prinzip): „*M*ein *V*ater *e*rklärt *m*ir *j*eden *S*onntag *u*nsere *n*eun *P*laneten" für die Planeten *M*erkur, *V*enus, *E*rde,

*M*ars, *J*upiter, *S*aturn, *U*ranus, *N*eptun, *P*luto. Der ist nicht mehr korrekt, seit Pluto 2006 sein Status als Planet aberkannt wurde, aber, sofern man das weiß, ansonsten tauglich.[2]

Eselsbrücken wie diese sind praktisch, doch nicht immer gibt es passende für Deinen Lernstoff im Volksmund. Das macht nichts, Du kannst Dir einfach welche erstellen. Reime zu finden („7, 5, 3, …") ist oft schwer. Doch analog zu letzteren beiden kannst Du einen sinnigen Satz oder Laut mit Anfangsbuchstaben der zu lernenden Elemente bilden.

In einem Abschnitt der Pilotenausbildung verwendeten wir beispielsweise die Abkürzung „WARN BIC", um uns auf den Anflug vorzubereiten. W stand für *W*etterinformationen einholen, A für *A*nflug auswählen, R für *R*adioinstrumente einstellen, N für *N*avigationsinstrumente einstellen, B für *B*riefing halten, I für die auszuführenden *I*tems und C für die zu lesende Approach-*C*hecklist.

Je witziger, bunter, kreativer der Satz ist, desto einfacher kannst Du ihn Dir merken. Denke Dir ruhig versaute oder obszöne Merksätze aus (das klappt unter Umständen auch sehr gut). Ich habe welche, die ich niemandem verrate, mit denen ich mir aber einige Dinge gut merken kann. Darum geht es, oder?

5.3.3.2 Loci-Methode

Auch die Loci-Methode folgt dem Prinzip, Bekanntes mit Unbekanntem zu verknüpfen. Lass uns direkt mit einem Beispiel beginnen, dann verstehst Du schnell, wie

---

[2] In der Fernsehsendung *Schlag den Star* (06.02.2021, ProSieben) wurde hier die angepasste Variante „Mein Vater erklärt mir jeden Sonntag unseren Nachthimmel" verwendet. Gefällt mir auch gut.

die Loci-Methode funktioniert. Wenn ich zum Einkaufen gehe und nur ein paar Dinge einkaufen muss, schreibe ich mir manchmal bewusst keinen Zettel. Stattdessen merke ich mir die Dinge (unbekannt), indem ich sie mit meinen Körperteilen (bekannt) verknüpfe.

Angenommen, ich muss Milch, Eier, Honig und Salat kaufen. Ich stelle mir vor, ich stehe mit meinen Füßen in *Milch* (Bäh, die Schuhe sind durchgeweicht und meine Füße kleben!). Ich wandere zu meinen Knien und stelle mir vor, ich müsste mich so vorsichtig auf zwei *Eiern* abknien, dass sie nicht kaputt gehen. In letzter Sekunde brechen die Eier und mit einem komischen Platschen brechen meine Knie auf den Boden durch. Für den *Honig* stelle ich mir vor, ich würde meine Ober-schenkel mit Wachs enthaaren lassen (habe ich noch nie getan, aber genau das macht Vorstellungen ja manchmal lebendig). Leider hat der/die Behandler/-in das Wachs mit Honig verwechselt, der nicht wieder abgeht und meine Beine zusammenklebt. Mein Po schließlich besteht aus zwei dicken Salatköpfen, mit denen ich an einer Dosen-pyramide im Supermarkt hängen bleibe und sie filmreif abräume.

» **Die Loci-Methode funktioniert, indem Du eine feste Route (z. B. Deinen Körper) so oft durch-wanderst, dass Du sie voll-kommen beherrschst. Dann legst Du an den einzelnen Punkten der Route (z. B. den Körperteilen) die unbekannten Dinge ab.**

Dann kannst Du die Route abgehen und die bekannten Punkte erinnern Dich an die gemerkten Dinge.

Wichtig ist, lebhafte Bilder entstehen zu lassen und sie mit dem Bekannten zu *verknüpfen*. Stell Dir nicht einfach Dein Knie und danach ein Ei vor – es muss verbunden sein. Alles darf unrealistisch und fantasievoll sein, es geht nur um Dich persönlich und Dein Lernen!

Deine Route kann auch aus anderem als Deinem Körper bestehen. Stell Dir Wege vor, die Du oft benutzt (zur Schule, Uni, Arbeit) oder Deine Wohnung. Alles ist möglich, Du musst mit der Route nur sehr vertraut sein und sie ohne Mühe erinnern können. Geh sie also vor Anwendung häufiger durch und konzentriere Dich auf die Punkte, an denen Du Dinge ablegen willst. Das funktioniert dann ganz einfach: Statt in Milch zu stehen, sprudelt aus dem Brunnen an der Ecke eine unfassbare Menge Milch und Kinder tanzen mit leeren Milchflaschen drum herum. An der Bushaltestelle ein paar Meter weiter versuchen Menschen, in einen Bus einzusteigen, doch der ist eiförmig und rollt deswegen wild herum. Die große Kreuzung ist mit Honig überschüttet und die Autos kommen wie in Zeitlupe voran, während die Reifen sich durch den Honig kämpfen. Der Fußgängerüberweg der nächsten Straße besteht aus einer tiefen Schlucht, über die man hinüberkommt, indem man von einem Salatkopf auf den nächsten springt…

Beim Lernen ist oft ein Problem, dass die zu merkenden Begriffe keine Gegenstände sind. Du musst Dir nicht *Milch* merken, sondern zum Beispiel die Arbeitstakte eines Ottomotors: Ansaugen, Verdichten, Arbeiten, Ausstoßen. Dann wird es etwas kniffliger (aber auch lustiger!) und Du musst Dir Bilder überlegen, welche für die Begriffe stehen. An der großen Werbewand könnte sich ein Oktopus fest*gesaugt* haben, weil ihm die Fischwerbung so gefällt. An der Kreuzung trägt ein *Dicht*er seine Verse vor und behindert den Verkehr. Beim großen Wohnhaus schiebt ein genervter Hund mit Zeitung unter dem Arm sein Herrchen vor die Tür und bellt „Geh *arbeit*en!" Am Bahnhof fährt statt des ICE eine Dampflok ein und *stößt* dicken, weißen Rauch *aus.*

Falls Du davon vorher noch nie gehört hast, klingt es möglicherweise abgedroschen. Doch glaube mir, es lohnt sich, dem eine Chance zu geben.

Daneben gibt es weitere Kniffe und Gedächtnis-Techniken, die zu beschreiben jemand anders besser in der Lage ist. Wenn Dich der kleine Einblick neugierig gemacht hat, lies zum Beispiel das Buch, welches ich am Ende des Kapitels empfehle. Deinem Lernen wird es nicht schaden!

5.3.4 Welche Technik nimmst Du?

Du kennst jetzt verschiedene Lernmethoden: Karteikarten, Mindmaps, Merksätze und die Loci-Methode. Nun stellt sich die Frage: Welche davon sollst Du verwenden? Das kannst Du von der Art des Stoffes oder der Prüfung abhängig machen.

Schauen wir uns zunächst an, was Dir die Art des Stoffes über die geeignete Technik verrät (siehe Abb. 5.7).

» **Ist der Stoff eindeutig und steht nicht unmittelbar in Zusammenhang, sind Karteikarten das Mittel der Wahl.**

Klassische Beispiele sind Vokabeln, ZDF (Zahlen, Daten, Fakten) und Formeln. Auf diese Informationen brauchst

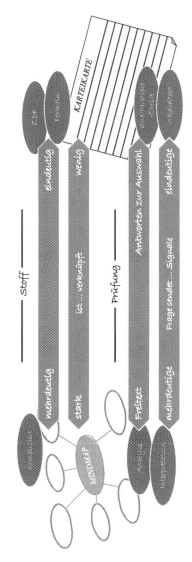

Abb. 5.7 Auswahl der geeigneten Technik

Du verlässlich Zugriff, ohne sie in einen Kontext einordnen zu müssen. Sobald gewisse Verbindungen zu anderen Karteikarten entstehen, denk an die Verknüpfungskarten. Diese helfen weiter.

Sobald die Verknüpfungen umfangreicher werden, wird der Aufwand mit Verknüpfungskarten zu groß.

» Je komplizierter, mehrdeutiger und zusammenhängender der Stoff, desto mehr sind Mindmaps das Mittel der Wahl.

Sie helfen, Überblick zu gewinnen. Mancher Stoff lässt sich erst im Zusammenhang verstehen und behalten.

» Merksätze und die Loci-Methode eignen sich zur Unterstützung von Karteikarten oder Mindmaps.

Du kannst sie zur Hilfe nehmen, wenn der Stoff für sich genommen wenig Sinn ergibt und/oder Du Dir etwas partout nicht merken kannst. Insbesondere sind sie dort zu empfehlen, wo es auf Reihenfolge und Vollständigkeit ankommt.

Schauen wir uns an, was die Prüfung über die geeignete Lernmethode verrät. Im Vordergrund steht die Frage: Was fordert die Prüfung von Dir? Ist es eine Klausur mit vorgegebenen Antwortmöglichkeiten, mit Freitext-Antworten, eine mündliche Prüfung? Oder lernst Du für „draußen" und musst zum Beispiel im Job bestimmte Fakten abrufen können?

» Je ähnlicher Dein Lernen der Abfrage in der Prüfungssituation, desto leichter wird die Prüfung fallen.

Nehmen wir einen Vokabeltest: Dir wird eine Tabelle gegeben, wo links das deutsche Wort gegeben ist und Du rechts daneben die Übersetzung hinschreiben sollst. Hier kriegt Dein Gehirn genau ein Signal (das deutsche Wort) und soll als Antwort die Übersetzung hervorkramen. Frage, Antwort, nicht mehr, nicht weniger. Hier würden sich Karteikarten eignen.

Nehmen wir eine Philosophie-Klausur, in der ein Text analysiert und interpretiert werden soll. Hier ist für das Gehirn nicht eindeutig, wonach es suchen soll. Es gibt möglicherweise mehrere Stichworte, verschiedene Schwerpunkte und – vor allem – viele Verknüpfungen. Hast Du mit Mindmaps gelernt und eine solide Wissensstruktur erarbeitet, wirst Du Möglichkeiten finden, die Aufgabenstellung darin zu verbauen. Das würde schwerer fallen, wäre Dein Wissen in einzelnen, tendenziell unverbundenen Fakten organisiert.

Nun mag es Fälle geben, wo die Prüfung Karteikarten erfordert und der Stoff Mindmaps (oder andersherum). In diesen Fällen hilft es mir, wenn ich mich frage, wie wichtig der Stoff für meine Zukunft ist. Möchte ich ihn prüfungsunabhängig gut beherrschen, wiedergeben und anwenden können, gehe ich stofforientiert vor. Falls ich den Stoff hauptsächlich für meine Prüfung brauche, prüfungsorientiert. Für besonders wichtige Inhalte und Prüfungen mache ich beides.

Natürlich schließen sich Karteikarten und Mindmaps nicht aus. Wie Merksätze und Loci-Methode eine

Ergänzung zu Karteikarten und Mindmaps sein können, können sich Karteikarten und Mindmaps wunderbar ergänzen. Insgesamt macht es die Kombination, für die Du nach und nach Gespür entwickeln wirst.

Zum Beispiel kann eine Mindmap für den Überblick sorgen, beinhaltet aber den Verweis auf ein paar Fakten, die Du gut abrufen können musst. Zu diesen schreibst Du Karteikarten. In der Mindmap taucht noch ein Prüfschema auf, zu welchem Du Dir einen Merksatz überlegst.

» Letztlich sind die Methoden immer Hilfsmittel für Dich, kein Zweck an sich. Du solltest schauen, was Dich Deinem Lernziel näherbringt und das tun.

Du bist der Pilot in Command, erinnerst Du Dich? Es kann heißen, dass Du eigentlich geplant hattest, zu jedem Kapitel im Lehrbuch eine Mindmap zu erstellen. Das eine Kapitel will sich aber nicht darstellen lassen und Du kannst es Dir nicht gut merken? Dann wären Karteikarten ein guter Versuch, selbst wenn alle anderen Kapitel in Mindmaps zusammengefasst sind.

Damit die Erarbeitung nicht mehr Zeit als nötig beansprucht, gestalte Deine Vorgehensweise flexibel. Was ich damit meine? Angenommen, die Vorlesung Deines Professors folgt einem Lehrbuch und pro Vorlesung wird ein Kapitel behandelt. Statt in die Vorlesung zu gehen, dort Notizen mitzuschreiben, diese zu vergessen, später das Buchkapitel zu lesen, dazu eine Mindmap zu erstellen und Fragen Wochen später in einer Lerngruppe zu klären, könntest Du auch anders vorgehen.

Lies das Kapitel vor der Vorlesung und erstelle eine Mindmap. Fragen schreibst Du auf die Map in einen kleinen Kasten. In der Vorlesung ergänzt Du die Mindmap und markierst vom Dozenten betonte Inhalte. Du stellst passend Deine Fragen und hilfst damit Dir und allen anderen. Sobald die Vorlesung vorbei ist, hast Du das Kapitel komplett (inklusive der zugehörigen Vorlesung) in einer Mindmap verarbeitet, die Du nur noch wiederholen musst.

Natürlich kannst Du auch Karteikarten vorher erstellen und in der Vorlesung ergänzen. Oder, etwas fortgeschrittener, in der Vorlesung eine Mindmap erstellen und diese zuhause anhand des Buches ergänzen.

Alles ist erlaubt. Der Kernpunkt bleibt:

» Schau, dass Du Deine Methoden und Aufgaben effizient kombinierst.

Alles, was Dich Deinem Lernziel näherbringt, ist okay. Alles andere versuchen wir zu vermeiden. Dann absolvieren wir unseren Steigflug möglichst kraftsparend und kommen – ehe wir uns versehen – auf Reiseflughöhe an. Gut gemacht!

Das Kapitel in Kürze

- Bei der Erarbeitung bereitest Du den Lernstoff so auf, dass Du ihn im Reiseflug gut und ohne Lehrbuch/Skript wiederholen kannst.
- Karteikarten folgen einem Frage-Antwort-Prinzip. Sie eignen sich für eindeutigen, nicht zwingend zusammenhängenden Stoff. Zusammenhänge können mit Verknüpfungskarten abgedeckt werden.

- Mindmaps sind halb geschriebene, halb gemalte Karten zu einem Thema. Sie eignen sich für komplizierten, mehrdeutigen und zusammenhängenden Stoff. Sie bringen Struktur in jede Angelegenheit.
- Merksätze und Loci-Methode eignen sich einzeln oder in Kombination mit Karteikarten und Mindmaps zum einfachen Merken von beliebigen Dingen.

Empfehlungen

- Unter „Weiterführende Literatur" am Ende des Buches findest Du zum Thema...
  - Gedächtnistraining: Stenger (2006)
  - Mindmapping: Buzan (2013)
- Programme
  - Karteikarten: *BrainYoo*
  - Mindmapping: *XMind*

You have control

- Gehe Deine Projektlisten durch und überlege, mit welcher Methode (und warum mit dieser) Du den Stoff erarbeiten wirst.
- Male übungsweise Mindmaps zu den vier Themen: Autofahren, Urlaub, Kirche, Badeenten. Nicht nachdenken, loslegen.
- Besorge Dir A3-Papier und farbige Stifte für mehr Mindmap-Spaß.
- Lade eine Karteikarten-App herunter oder besorge Karteikarten.
- Benutze beim nächsten Einkaufen die Loci-Methode mit Deinem Körper.
- Überlege Dir eine Merkroute und übe diese, sodass Du sie beim Lernen verwenden kannst.

6

Reiseflug

Es folgt eine in der Regel entspannte Flugphase: der
Reiseflug. Die zu erledigenden Dinge kann ich schnell
beschreiben, daher ist dieses Kapitel kürzer. Das macht
es nicht weniger wichtig. Der Reiseflug ist der Kern eines
jeden Fluges – schließlich startet man, um irgendwo hinzu-
kommen. Die dafür nötige Strecke wird nun zurückgelegt.

6.1 Ein Flug

Das Flugzeug bewegt sich in der Regel entlang der
geplanten Route. Diese wurde in den Flugcomputer ein-
gegeben, anhand dessen der Autopilot die Route abfliegt.

Natürlich gibt es trotzdem viele Dinge für die Piloten
zu tun: Kontakt mit der Flugsicherung, auf Verkehr
achten, das Wetter beobachten, die Route anpassen und
zum Beispiel nach Abkürzungen fragen, um pünktlich
anzukommen. Zusätzlich gibt es Routinen. Regelmäßig

© Der/die Autor(en), exklusiv lizenziert durch Springer-Verlag
GmbH, DE, ein Teil von Springer Nature 2022
Y. Steineker, *Die Piloten-Lernstrategie*,
https://doi.org/10.1007/978-3-662-64455-3_6

wird zum Beispiel die verbleibende Treibstoffmenge überprüft und mit der geplanten Menge verglichen.

Je mehr Treibstoff das Flugzeug verbrennt, desto leichter
wird es. Je leichter das Flugzeug, desto größer die Flughöhe mit optimalem Verhältnis aus Leistung zu Treibstoffverbrauch. Insbesondere bei Langstreckenflügen werden
daher mit sogenannten Step-Climbs unterwegs kleinere
Steigflüge durchgeführt.

6.2   Dein Lernflug

Du hast Deinen Stoff erarbeitet. Das heißt, er liegt in
wunderbare Lernhäppchen (Karteikarten, Mindmaps,
Merktechniken) aufgeteilt vor Dir. Im Reiseflug kümmern
wir uns darum, die Häppchen vom Tisch in Deinen Kopf
zu bekommen.

Das funktioniert hauptsächlich über Wiederholung, die
ich schon mehrmals angesprochen habe. Für diese hast Du
Dir in Deiner Standard-Woche Zeit reserviert. Du wirst in
dieser Zeit den Stoff durchgehen und dazu ein erprobtes
System benutzen.

Der Lernreiseflug beginnt nicht für alle Inhalte gleichzeitig. Du wartest nicht, bis Du *alles* erarbeitet hast, um
mit der Wiederholung zu beginnen. Stattdessen beginnt
der Reiseflug für jeden Inhalt direkt nach der Erarbeitung.
Am nächsten Tag startest Du mit der Wiederholung,
unabhängig davon, ob andere Teile des Buches, Moduls
oder anderer Projekte noch nicht erarbeitet sind. Warum?
Folgt sofort.

6.3   Das Wiederholungssystem

In dem Moment, wo Du Stoff erarbeitest, speichert Dein Gehirn diesen. Das Ganze funktioniert in mehreren Schritten (vielleicht hast Du schon einmal von Kurz- und Langzeitgedächtnis gehört). Die Details brauchen uns hier nicht interessieren. Was Du wissen musst: Es bilden sich neue Verknüpfungen zwischen Nervenzellen in Deinem Gehirn. Diese Verknüpfungen entstehen automatisch.

> »   Das Problem ist, dass die Ver-
>   knüpfungen wieder zerfallen,
>   wenn sie nicht genutzt werden:
>   Du vergisst.

Wie schnell wir wie viel vergessen, interessierte bereits den Psychologen Hermann Ebbinghaus im Jahr 1885. In Selbstversuchen merkte er sich Silben und notierte akribisch, wie viele er nach unterschiedlich vielen Tagen erinnerte.[1] Daraus ergab sich der in Abb. 6.1 dargestellte Graph, heute bekannt als *Vergessenskurve nach Ebbinghaus.*

Nach dem Erwerb des Wissens fällt die erinnerte Menge rapide ab. Nach nur einem Tag erinnern wir lediglich knappe 40 % und nach zwei Tagen knappe 30 %. Danach werden die Vergessenssprünge kleiner, sodass ungefähr 20 % langfristig erhalten bleiben. Entmutigend, oder? Damit erklärt sich weiter, warum Bulimie-Lernen dazu führt, bereits eine Woche später kaum noch etwas vom Stoff zu wissen.

---

[1] Ein Kritikpunkt an der Methodik: Es nicht unbedingt vergleichbar, sich sinn-*lose* Silben oder sinn*vollen* Stoff zu merken. Doch das schmälert die Aussagekraft nur unwesentlich. Prinzipiell bestätigten auch weitere Experimente die abgebildete Vergessenskurve.

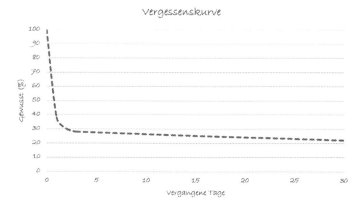

Abb. 6.1 Vergessenskurve. (Eigene Darstellung nach Zimbardo und Gerrig (2008, S. 252))

Wie schnell wir Stoff vergessen, hängt davon ab, wie *stark* dieser im Gehirn gespeichert ist. Eine Information, die ich einmal höre und nie nutze, wird schnell vergessen. Die Kurve fällt steil ab (siehe oben). Das ist sinnvoll. Sonst würde sich mein Kopf noch mit dem Preis für das Körnerbrötchen am Bahnhof im Jahr 2013 herumschlagen – besser raus damit aus dem Gedächtnislager.[2]

---

[2] Das ist vereinfacht ausgedrückt und folgt etwa diesem Bild: Informationen liegen in Fächern im Kopf. Greife ich auf eine Information zu, wird in dem entsprechenden Fach nachgeschaut. Liegt dort das Gesuchte, kann ich mich *erinnern*. Liegt es dort nicht (mehr), habe ich es *vergessen*. Das ist einprägsam, doch unpräzise.

Die Psychologie unterscheidet Speicherung und Abruf von Informationen. Dass die Information gut gespeichert in ihrem „Fach" liegt (sie ist *nicht vergessen*), heißt nicht zwangsläufig, dass ich sie auch abrufen (*erinnern*) kann. Dass ich mich gerade an eine Information *nicht erinnern* kann, heißt im Umkehrschluss nicht automatisch, dass ich sie *vergessen* habe. Vielleicht komme ich gerade nur nicht an das „Fach" heran (oder weiß nicht (mehr), wo es ist).

In beiden Fällen müssen wir akzeptieren, dass wir das Gesuchte gerade „nicht wissen". Doch ist die Unterscheidung für das Lernen relevant. Ich muss sowohl für eine gute Speicherung sorgen (dieses Kapitel) als auch für eine gute Abrufbarkeit. Diese lässt sich glücklicherweise trainieren (Spoiler: Kap. 7).

Jedes Abrufen/Nutzen der Information würde für eine bessere Speicherung sorgen. Die Vergessenskurve würde nicht mehr so steil, sondern flacher abfallen. Das häufig genutzte Passwort meines Computers weiß ich auch noch, wenn ich es eine Woche lang nicht eingetippt habe. Es vergeht mehr Zeit, bis ich es vergesse.

Genauso verhält es sich mit gelerntem Stoff. Beschäftigst Du Dich nie wieder mit ihm, überlasst Du ihn der obigen Vergessenskurve. Wie vermeiden wir das also? Indem wir den Stoff wiederholen, ihn nutzen.

Jede neue Begegnung mit dem Stoff bewirkt, dass Du Dich an alle Elemente des Stoffes erinnerst. Es liegt nahe, dass die Vergessenskurve bei jeder Wiederholung auf 100 % zurückspringt. Da jede Begegnung für eine stärkere Speicherung sorgt, wird die Vergessenskurve anschließend flacher abfallen. Das lässt sich in etwa so veranschaulichen wie in Abb. 6.2.

Schon besser? Finde ich auch.

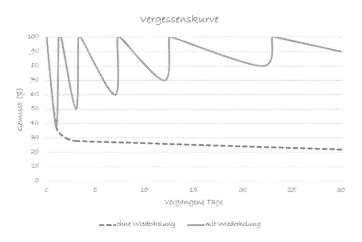

Abb. 6.2 Vergessenskurve mit Wiederholung

»   Der Schlüssel liegt darin, die Vergessenskurve immer wieder nach oben zu katapultieren.

Mit vernünftiger Wiederholung ist die Mühe, die das Erarbeiten kostet, nicht vergebens. Wir behalten den Großteil des Stoffs.

Das nennt sich *Spaced Repetition,* auf Deutsch: verteilte Wiederholung. Es besteht in der Forschung Einigkeit, *dass* wiederholt werden sollte und dies positive Konsequenzen für das Lernen hat. Doch Lernen ist ein komplexer Vorgang. Daher wird es kniffliger bei der Frage, *wann* wiederholt werden sollte.

Wiederholung scheint den größten Effekt zu haben, kurz bevor wir vergessen. Wenn Du Dich gerade noch erinnern kannst, scheint der Kopf besonders empfänglich und speichert die erhaltene Information am stärksten ab. Wenn Du etwas ohnehin gut weißt, scheint sich der Kopf nicht so anzustrengen.[3] Zu lang darf die Wiederholung wiederum nicht auf sich warten lassen – dann ist der Stoff bereits vergessen und muss neu gelernt werden. Irgendwo dazwischen liegt das optimale Zeitfenster für die Wiederholung.

Es ist anzunehmen, dass dieses Zeitfenster mit jeder Wiederholung weiter in die Zukunft rückt. Das Gelernte wird stärker gespeichert, die Vergessenskurve flacher. Bis ich das nächste Mal kurz davor bin, zu vergessen, vergeht mehr Zeit.

---

[3] Dem gegenüber steht das Konzept des *Überlernens.* Hier fanden Forscher heraus, dass auch wenn ich etwas gut beherrsche, weitere Wiederholungen für besonders gutes Abspeichern sorgen. Zum Beispiel übt der Konzertpianist die Sonate weiter, wenn er sie bereits spielen kann – weil er genau so besser wird. Überlernen verwenden wir später auch, kurz vor der Prüfung (Kap. 7).

Leider existiert im Kopf keine Glocke, die Bescheid gibt, kurz bevor wir vergessen. Um es komplizierter zu machen, hängt der optimale Wiederholungszeitpunkt nicht nur vom eigenen Vergessen ab. Sondern Studien zufolge auch davon, für wie lange wir uns etwas merken wollen. Kurz gesagt: Je länger, desto länger. Lerne ich für einen Test in einer Woche, sollte ich den Stoff bereits nach einem Tag wiederholen; lerne ich für einen Test in einem Monat, besser nach elf Tagen (Carpenter et al. 2012). Möchte ich für „immer" lernen, kann das optimale Wiederholungsintervall Monate betragen.[4]

So kompliziert das klingen mag – es gibt ein einfaches System, welches ich seit Jahren nutze. Es beruht auf der Vergessenskurve und vereint alle Erkenntnisse, die wir uns angeschaut haben. Natürlich kann es Dir nicht in den Kopf schauen (und liegt deswegen vielleicht mal ein paar Tage daneben). Es wird trotzdem dafür sorgen, dass Du Deinen Stoff behältst, solange Du möchtest.

Wie schaut dieses System aus? Am Anfang wiederholen wir den Stoff in kürzeren Abständen, um ihn vor der (noch sehr steilen) Vergessenskurve zu retten. Die erste Wiederholung erfolgt bestenfalls innerhalb eines Tages nach der Erarbeitung. (Deswegen beginnen wir mit den Wiederholungen nicht erst, wenn alle Elemente erarbeitet sind. Dann wäre die Kurve für den zuerst erarbeiteten Stoff schon lange bei den 20 % gelandet, wenn Du mit

---

[4] Forscher-/innen und Lernplattformen erproben als Lösung mittlerweile Algorithmen, die individuell den optimalen Wiederholungszeitpunkt für einzelne Inhalte und Lernende bestimmen. Doch basieren entsprechende Algorithmen auf bekannten Inhalten und den verknüpften Lern- und Vergessenskurven tausender Nutzer. Erst mit diesen Daten lässt sich optimieren, *wann genau* wiederholt werden sollte. Für Deinen Lernstoff hast Du leider keine tausenden Versuchskaninchen, die verschiedene Wiederholungsrhythmen testen und Dir nach zwei Jahren den geeignetsten empfehlen.

allem fertig bist.) Die zweite Wiederholung ist nach zwei weiteren Tagen fällig. Die Kurve fällt bereits etwas flacher ab, daher folgt die dritte Wiederholung nach einer weiteren Woche. Die vierte Wiederholung folgt nach einem weiteren Monat. Die fünfte Wiederholung folgt nach drei weiteren Monaten. Du siehst, die Abstände werden länger und dehnen sich letztlich auf Monate aus. Das ist optimal für langes Behalten und sorgt dafür, dass Du neben dem Wiederholen genug Zeit für andere Dinge hast. Kurz vor der Prüfung wiederholst Du den wichtigsten Stoff täglich (siehe Kap. 7) und triffst damit auch dort den richtigen Wiederholungszeitpunkt.

Es wäre nun mühsam, sich eine Liste mit allen einzelnen Lerninhalten zu schreiben, um stets den richtigen Wiederholungszeitpunkt auszurechnen. Daher benutzen wir einen Fünf-Fach-Karteikasten.

Der Fünf-Fach-Karteikasten hat fünf Fächer (sag bloß!). Alle frisch erarbeiteten Karten landen im ersten Fach. Dieses nimmst Du Dir jeden Tag vor. Du nimmst den Stapel heraus und gehst Karte für Karte durch. Lies die Frage. Sage Dir im Kopf die Antwort vor (bei längeren Antworten und/oder Formeln lohnt es, die Antwort auf ein Schmierblatt zu schreiben). Prüfe mit der Rückseite, ob Du richtig geantwortet und an alles gedacht hast. Falls ja, steckst Du die Karte in das zweite Fach. Falls nicht, legst Du die Karte (zurück) in das erste Fach. Über diesen simplen Schritt des Zurücklegens falscher Karten passt sich das System sehr gut Deinem individuellen Lerntempo an.

Das zweite Fach steht für die zweite Wiederholung und wird dementsprechend alle zwei Tage bearbeitet. Das Prinzip bleibt bestehen: Alle Karten herausnehmen, Frage lesen, Antwort überlegen, Antwort überprüfen. Hast Du richtig geantwortet, wandert die Karte in das nächste Fach (3). Hast Du falsch geantwortet, gibt es zwei Möglichkeiten.

Entweder Du packst die Karte zurück in Fach 1 oder Du lässt sie in Fach 2 (ich empfehle ersteres).

Am Ende jeder Woche nimmst Du alle Karten aus Fach 3. Richtig beantwortete Karten wandern in Fach 4, falsch beantwortete Karten verbleiben wahlweise in Fach 3 oder gehen zurück in die Fächer 2 oder 1. Hier kannst Du abwägen, *wie* falsch Du gelegen hast. Hattest Du gar keinen Plan, ist das Wissen noch ungefestigt. Dann solltest Du die Karte innerhalb weniger Tage wiedersehen, also ab in die Fächer 1 oder 2. Wenn nur Details fehlten (und die nicht prüfungsentscheidend sind), reicht es, die Karte nächste Woche wiederzusehen (Fach 3).

Am Ende jeden Monats sind (Du hast es Dir schon gedacht) alle Karten aus Fach 4 dran. Richtige Karten landen im letzten Fach (5), falsche Karten werden nach Deinem Ermessen in die Fächer 1 bis 3 zurückgelegt.

Alle drei Monate ist das letzte Fach (5) dran. Ich würde empfehlen, es zur Mitte und zum Ende des Semesters oder Halbjahres durchzugehen. Richtig beantwortete Karten kannst Du aus dem Kasten nehmen. Ich bin ein großer Freund von Ausmisten und würde alle Karten wegwerfen, die keine weitere Relevanz haben. Die Karten, die noch Relevanz für Dich haben (essenzielles Wissen, für folgende Module oder den Beruf relevant), kannst Du archivieren. Die falschen Karten landen nach Deinem Ermessen in den Fächern 1 bis 3.

So würde das Ganze mit Papier-Karteikarten funktionieren. Weiter vorne im Buch sprach ich bereits von digitalen Karteikarten, auf die ich umgestiegen bin. Über mit ihnen verbundene Vorteile sprachen wir auch bereits. Diese möchte ich hier noch weiter ausführen.

Erstens hast Du unbegrenzt Platz für Karteikarten. Dein Karteikasten ist nicht irgendwann voll. Und das kann, je nach Stoffumfang, sehr schnell gehen.

Zweitens (damit eng verbunden) ist der Materialeinsatz geringer. Du musst Dir keinen zweiten (dritten, vierten, fünften, …) Karteikasten kaufen, der dann ebenfalls in Deiner Wohnung steht. Der Stapel an leeren Karteikarten ist auch nie aufgebraucht und verlangt nach Nachschub.

Drittens kannst Du die Karten (je nach Programm) auf Tablet, Handy und Laptop wo Du willst mit hinnehmen. Das ermöglicht Lernen unterwegs, ohne einen dicken Karteikasten im Rucksack zu haben (ich weiß, wovon ich spreche und rate wärmstens davon ab). Auch die Erarbeitung wird leichter, zum Beispiel die Ergänzung von Karteikarten in der Vorlesung. Du willst nicht, dass sich ein sortierter Stapel Karteikarten über zwei Reihen verteilt, weil Dein grunddynamischer Sitznachbar beim Aufstehen den Tisch mit hochreißt.

Viertens (und damit eng verbunden) sind die Backup-Möglichkeiten besser als bei Papierkarten. Digitale, in einer Cloud gespeicherte Karteikarten lassen sich schlecht verlegen, mit Saft überschütten oder (siehe oben) im Hörsaal verteilen.

Fünftens kannst Du (je nach Programm) die Karten beliebig ordnen und mit einer Suchfunktion durchsuchen. Das erleichtert die Anpassung von Karten, da Du nicht den ganzen Kasten durchblättern musst, um eine bestimmte Karte zu ergänzen.

Sechstens übernimmt das Programm den Wiederholungszyklus für Dich. Du musst nur eine Lernsitzung starten, bekommst die richtigen Karten ausgewählt und verschoben, ohne selbst nachdenken oder sortieren zu müssen. Das Programm kann für jede *einzelne* Karte speichern, wann Du sie gesehen hast. Der Wiederholungszyklus kann im Vergleich zu Papierkarten genauer eingehalten werden. Dort gehst Du zum Beispiel Montag,

Mittwoch, Freitag und Sonntag (alle zwei Tage) Fach 2 durch und verschiebst die richtig beantworteten Karten in Fach 3. Am Sonntag gehst Du Fach 3 für die Wochenwiederholung durch. Dort finden sich nun Karten von vier Lerndurchgängen. Manche Karten hast Du seit Montag nicht gesehen (hier kommt die angepeilte Woche also wunderbar hin). Doch andere Karten erst am selben Tag (nicht wirklich eine Woche, oder?). Das ist für den Lernprozess insgesamt nicht katastrophal, aber es geht eben genauer digital.

Siebtens erlauben digitale Karteikarten, Fotos und andere Medien einzubinden. In Zeiten digitaler Skripte, E-Books und guter Handykameras ist es ein Leichtes, eine vielsagende Grafik aus dem Skript einer Karte hinzuzufügen. Beim Lernen kannst Du sie dann mit anschauen. So mancher Professor lässt gerne Abbildungen in der Klausur beschriften… Doch ermöglicht das Anhängen von Bildern etwas viel Wichtigeres.

> »   Damit das System Dich zum Lernerfolg führt, muss es allen Stoff umfassen.

Vielleicht bist Du schon darüber gestolpert: Was ist mit den Mindmaps und Merksätzen? Wie passen die in dieses System?

Ich arbeitete eine Zeit lang mit einem Drei-Mappensystem und schichtete meine handgeschriebenen Mindmaps kompliziert um, um in etwa den Wiederholungsrhythmus hinzubekommen. Das war mir zu blöd und ich stellte fest, dass es am einfachsten ist, wenn *alles* in Karteikarten auftaucht. Auch die Mindmaps und Merksätze sollten auf einer Karteikarte landen. So können sie das Wiederholungssystem mit durchwandern und Dir entgeht nichts.

Du kannst jede Mindmap als Bild oder Scan digitalisieren (ohnehin meine Empfehlung von weiter vorne) und direkt in die digitalen Karteikarten integrieren. Oder Du schreibst auf Deine Papier-Karteikarten einen Verweis, damit Du zu den geeigneten Zeitpunkten an die Mindmap denkst. Schreibe auf die „Frage"-Seite „Mindmap zu [Thema]" und auf die Rückseite nichts. Lege die Mindmaps so ab, dass Du sie wiederfindest. Zum Beispiel in einem gemeinsamen Ordner nach Fächern sortiert.

Die Integration von Merksätzen in das System ist einfach. Diese lassen sich wunderbar in das Frage-Antwort-Prinzip der Karteikarten überführen. Auf die Frage-Seite kommt „Merksatz zu ..." und auf die Antwort-Seite der Merksatz.

» Du wirst so alle Inhalte im System wiederfinden.

Damit wirst Du zum optimalen Zeitpunkt an die Wiederholung erinnert und brauchst Dir keine Sorgen machen, etwas zu vergessen. Lass mich zum Abschluss noch einige Worte dazu verlieren, wie das Lernen mit einer Mindmap abläuft.

Wenn nun Deine Karteikarte auf eine Mindmap verweist, schau Dir den Titel an. Schließe die Augen. Nimm ein paar Atemzüge und versuche, die Mindmap im Kopf entstehen zu lassen. Mindmaps ermöglichen dem Gehirn eine räumliche Vorstellung der Informationen. Versuche, diese zuzulassen und erinnere Dich zum Beispiel, aus wie vielen Strängen die Map bestand. In welche Richtungen zeigten sie? Sah die Map schön aus oder verkorkst? Hattest Du Besonderheiten hinzugemalt, etwa ein großes Bild um den Titel herum?

Schaue die Mindmap nicht an! Aktiviere Deine Erinnerungen.

Nimm Dir nun ein leeres Blatt und male die Mindmap nach. Gehe jeden Strang vom Titel ausgehend durch, soweit Du kommst. Es kommt nicht auf Schönheit an, aber darauf, dass Du tatsächlich zeichnest/schreibst.[5] Sobald Du nicht weiterweißt oder meinst, dass die Mindmap vollständig ist, überprüfe das mit der Original-Mindmap.

Wie anstrengend! Ist das nötig? Wieso kannst Du Dir die Mindmap nicht einfach zur Wiederholung anschauen? Gut, dass Du fragst. Das führt uns zu einem fantastischen psychologischen Effekt, für den bisher keine Zeit war.

Dieser heißt *Generation Effect*. Forscher/-innen haben herausgefunden, dass es zum Lernen effektiver ist, eine Antwort zu generieren, als sie sich anzuschauen.

Denk an das Karteikartenlernen. Hier liest Du eine Frage und generierst eine Antwort dazu. *Erst dann* überprüfst Du Deine Antwort mit der Rückseite. Das hat einen größeren Lerneffekt, als würdest Du (ohne eine eigene Antwort zu überlegen) die Karte umdrehen und die Antwort ablesen. Beim Lernen einer Mindmap solltest Du daher auch zunächst die Antwort überlegen. Soweit okay – aber warum aufschreiben?

---

[5] Das mag nicht immer möglich sein, zum Beispiel wenn Du unterwegs bist. Kein Problem, male die Mindmap in diesem Fall gedanklich nach. Doch auch hier: Ohne Dir vorher/dabei die Original-Mindmap anzusehen!

Die Antwort aufzuschreiben ist eine Möglichkeit, Dich beim Generieren vom Schummeln abzuhalten. Aus demselben Grund habe ich Dir das oben für längere Antworten oder Formeln beim Karteikarten-Lernen empfohlen. Ich kenne das von mir: Lust zum Lernen unterirdisch, aber: Was muss, das muss. Nächste Karte. „Hm, ja, das war doch das mit den zwei…" – Karte dreht sich bereits lustlos in meiner Hand um – „vier (?!), vier Hauptfaktoren. Genau. Hätte ich gewusst." Ja, ne. Beim gedanklichen Nachmalen von Mindmaps kann man noch besser schummeln. Allein weil viel mehr Informationen draufstehen und Du (je nach Größe) am Ende des gedanklichen Durchgehens gar nicht mehr genau weißt, was Du am Anfang dachtest. Also ist hier der Einsatz von Stift und Papier eine gute Investition.

Warum ist es eine beliebtere Lernstrategie, sich Dinge anzuschauen und durchzulesen? Es ist weniger anstrengend. Zudem fühlt es sich besser an. Dein Kopf schaut sich die Lernunterlagen an und alles kommt ihm (meistens) irgendwie bekannt vor. Diese Bekanntheit missinterpretiert Dein Kopf als: „Das kann ich alles!" Vor dem leeren Blatt in der Klausur merkst Du, dass Dir alles bekannt vorkam, doch Du es noch lange nicht wusstest – nicht selbst generieren kannst. Blöde Sache.

Ich muss dazu immer daran denken, wie ich mit Autofahren anfing. Jahrelang war ich als Beifahrer meiner Eltern bestimmte Strecken mitgefahren und hatte dabei aus dem Fenster geschaut. Ich kannte die Umgebungen und konnte feststellen, ob wir auf demselben oder einem anderen Weg als sonst fuhren, wie lange die Fahrt noch dauerte… Ich dachte, ich kenne die Strecken. Mit 18 Jahren selbst hinter dem Steuer stellte ich fest: Das gemütliche Beifahren garantiert nicht, dass ich die Strecke selbst finde. Denn hier kommt es aufs Generieren an, als Beifahrer aufs Zuschauen.

Wenn Du das beim Lernen berücksichtigst, hast Du einen entscheidenden Vorteil gegenüber anderen Studierenden. Du erhältst ehrliches Feedback über Deinen Wissensstand und kannst ihn besser einschätzen.

Die Beurteilung, ob Du die Mindmap kannst (und sie ein Fach weiterwandert), lässt dennoch Interpretationsspielraum. Es lässt sich nicht so klar beantworten wie bei einer Karteikarte. Vertraue auf Dein Gefühl. Wenn Dir hinten in den Strängen Verästelungen gefehlt haben, überlege, ob diese relevant sind. Kannst Du hingegen einen Strang gar nicht aufzählen oder verfolgen, hast Du noch Arbeit vor Dir.

Super, wir rasen in Richtung Zielort. Du weißt, wie Du den im Steigflug erarbeiteten Stoff wiederholst und behältst. So wertschätzt Du Deine Arbeit, die durch die Wiederholung nicht vergebens war.

Wir werden gleich den Sinkflug einleiten und uns auf die Landung vorbereiten. Los gehts!

Das Kapitel in Kürze

- Wiederholung ist das wichtigste, damit das Erarbeiten des Stoffes nicht umsonst war. Katapultiere die Vergessenskurve nach oben!
- Mit jeder Wiederholung festigst Du einen Weg in Deinem Gehirn, der ohne Wiederholung verfallen würde.
- Der Fünf-Fach-Karteikasten ist das ideale Instrument, um Deinem Gehirn den Stoff im richtigen Moment erneut zur Wiederholung zu präsentieren.
- Mit einem digitalen Karteikasten wird der Wiederholungsrhythmus genauer und Du hast einige Vorteile im Vergleich zu Papierkarten.
- Wichtig ist, dass das Wiederholungssystem alle Inhalte umfasst. Daher gibt es Karteikarten, die auf Mindmaps oder Merksätze verweisen.

You have control

- Besorge einen Fünf-Fach-Karteikasten (falls Du mit Papierkarten lernst).
- Schaue Dir an, welche Wiederholungsrhythmen Dein Karteikarten-Programm anbietet und konfiguriere es entsprechend (falls Du mit digitalen Karten lernst).

7

Sinkflug

Auch der schönste Flug geht zu Ende. Wenn man Fliegen mag wie ich, ist das eine eher traurige Tatsache. Über das nahende Ende des Fluges kann man sich damit hinwegtrösten, dass selbiges spannend und herausfordernd wird.

7.1 Ein Flug

Zum Ende des Reisefluges wird mit den Anflugvorbereitungen begonnen. Die Piloten machen sich erneut mit dem Zielgebiet vertraut und holen das aktuelle Wetter ein. Die Piloten und/oder der Flugcomputer berechnen den optimalen Punkt, mit dem Sinkflug zu beginnen. Die Flugsicherung gibt von sich aus oder auf Anfrage der Crew den Sinkflug frei.

Der Schub wird reduziert (nach unten will das Flugzeug dank der Schwerkraft allein). Entweder sinkt das Flugzeug entlang der geplanten Route oder es bekommt von

Y. Steineker, *Die Piloten-Lernstrategie,*
https://doi.org/10.1007/978-3-662-64455-3_7

den Fluglotsen Radarvektoren, also bestimmte Steuerkurse vorgegeben. Während des Sinkens wird das Flugzeug weiter vorbereitet, wie gewohnt Checklisten gelesen und der, nun in der Regel dichter werdende, Verkehr überwacht.

Der/die steuernde Pilot/-in brieft den bevorstehenden Anflug. Gibt es Besonderheiten? Wie ist der Plan? Wie ist die Route im Falle des Durchstartens? Wie geht es auf dem Flughafen weiter, welche Rollwege werden vermutlich benutzt? Auch hier ist (wie vor dem Abheben) wichtig, dass beide Piloten das gleiche Bild vor Augen haben. Dann lassen sich Abweichungen vom gewollten Zustand schnell(er) erkennen.

Auf den *Sink*flug folgt in der Nähe des Flughafens der *An*flug. Beide Begriffe werden außerhalb des Cockpits gern synonym verwendet. Doch ein Sinkflug ist schlicht das Gegenteil eines Steigfluges, also sagt nur: Das Flugzeug verliert an Höhe. Auch ohne direkt einen Flughafen anzusteuern, ist ein *Sink*flug möglich.

Ein *An*flug hingegen ist nur in der Nähe eines Flughafens bzw. -platzes möglich. Dieser folgt einem Verfahren, das auf bestimmten Wegen und Höhen (ggf. auch Geschwindigkeiten) zur Landebahn führt. Je nach umliegendem Gelände und Städten (die aufgrund von Lärmschutz nur wenn nicht anders möglich überflogen werden), kann sich der Anflug einfach oder komplizierter gestalten.

7.2 Dein Lernflug

Du kommst an einen Punkt, wo Du allen Stoff erarbeitet und im Reiseflug gelernt hast. Es wird Zeit, den Blick auf die anstehende Prüfung zu richten. „Eine gute Landung beginnt mit einem guten Anflug", sagt man gerne in der

Fliegerei. Wenn man seit Reiseflughöhe hinterherhängt und keine Ruhe ins Handeln bekommt, ist die Wahrscheinlichkeit für eine perfekte Landung geringer, als wenn alles perfekt läuft. Soll für uns heißen, dass sich auch die Zeit vor der Prüfung auf das Ergebnis auswirkt, nicht nur die Prüfung selbst.

Der größte Teil der Arbeit liegt hinter Dir und Du wirst den Schub mit Ende des Reisefluges reduzieren (können). Das ermöglicht Dir zu erholen, damit Du fit und ausgeruht in die Prüfung gehen kannst. Es würde wenig nützen, wenn Du alles gelernt hast, aber kurz vor der Prüfung erschöpft zusammenbrichst.

Wir werden uns anschauen, wie Du den Stoff weiter festigen kannst. Du hast Dir das Wissen angeeignet und kannst es de facto schon. Wir widmen uns also der Anwendung und steigern (wie versprochen) die Abrufbarkeit Deines Wissens. Der Abruf in der Prüfung soll ein wahres Kinderspiel werden. Damit das so wird, werden wir uns bestmöglich in die Prüfungssituation hineinversetzen.

7.3   Wende Dein Wissen an

Zunächst machen wir das gespeicherte Wissen geschmeidig und biegsam, drehen es hin und her und arbeiten damit. Wozu? Und was soll das überhaupt heißen?

Dein Wissen liegt gut verpackt in beschrifteten Schubladen in Deinem Kopf.

» Jetzt stellen wir sicher, dass alle Schubladen passend für

die Klausur beschriftet sind, damit Du mit den Aufgaben gut zurechtkommen wirst.

Das funktioniert nicht automatisch gut, weil Du das Wissen gut abgespeichert hast. Das liegt am Unterschied zwischen Wiedergeben und Anwenden.[1]

Beim Wiedergeben kommt es darauf an, im Kopf die richtige Schublade zu finden, zu öffnen und den Inhalt aufzuschreiben. Die Aufgabe liefert eine gute Richtungsanweisung, in welcher Schublade Du suchen musst. Eine mögliche Aufgabe wäre: „Nennen Sie die fünf Ebenen der Bedürfnispyramide nach Maslow." Schublade finden, Schublade öffnen, aufschreiben: „Physiologie, Sicherheit, Soziales, Individuum, Selbstverwirklichung." Auf diese Aufgaben bist Du bereits wunderbar vorbereitet.

Beim Anwenden ist die Richtungsanweisung der Aufgabe nicht so eindeutig und Du musst überlegen, wo Du nach der richtigen Schublade suchen musst. Vielleicht brauchst Du auch mehrere Schubladen und musst die Inhalte miteinander verbinden?

Eine mögliche Aufgabe wäre: „Paul ist unglücklich, weil seine Freunde ihn haben sitzen lassen. Er will sich ablenken, aber verspürt keine Lust, an seinem Gemälde weiterzuarbeiten. Stellen Sie mögliche Ursachen dar." Damit musst Du überlegen, welche Schubladen infrage kommen (gegebenenfalls ein paar falsche öffnen) und stehst am Ende mit mehreren Schubladen und Antworten da, aus denen Du wählen musst. Das kann am Ende

---

[1] Und am Unterschied zwischen Speicherung und Abrufbarkeit, wie bereits ein paar Mal angedeutet. Um diesen Unterschied geht es in Abschn. 7.4.

dieselbe Schublade wie beim Wiedergeben sein (Maslow: Pauls soziale Bedürfnisse sind nicht erfüllt und damit fehlt das Interesse, sich Bedürfnissen höherer Ebenen, wie Malen, zu widmen). Natürlich auch eine (oder mehrere) andere.

Auf Aufgaben wie letztere eine Antwort zu finden, kann schwierig sein. Es ist nicht direkt klar, wo im Kopf Du suchen musst, auf Anhieb passt keiner der Schubladen-Titel. In der Prüfung könnte das verwirren und aus dem Konzept bringen. Doch keine Sorge, das werden wir vermeiden.

Wie? Wir schreiben auf die Schubladen Untertitel und Kommentare. Für obiges Beispiel könnte auf der „Maslow"-Schublade zusätzlich die Anmerkung stehen: „Erklärt Lustlosigkeit auf ‚höhere' Dinge." Mit dieser Beschriftung fiele es bei der zweiten Aufgabe leicht, die Antwort zu finden.

Dafür müssen Beschriftungen vorhanden sein. Darum kümmern wir uns jetzt. Eine fantastische Nachricht ist: Diese Anmerkungen musst Du nicht bewusst erstellen, sondern Dein Kopf schreibt sie automatisch. Immer, wenn Du die richtige Schublade gefunden hast, notiert er das passende Stichwort. Jedes Mal, wenn Dein Kopf die Anmerkung wieder passend findet, wird die Schrift dicker, bis sie deutlich auf der Schublade steht.

» Wir müssen unseren Kopf dazu bringen, auf verschiedenen Wegen die Schubladen zu öffnen und so möglichst viele Anmerkungen darauf zu schreiben.

Das machen wir mit Übungsklausuren, in Lerngruppen und indem wir die wichtigsten Elemente des Stoffes zusammentragen.

7.3.1 Übungsklausuren

Eine Übungsklausur ist eine Reihe von Aufgaben, die möglichst nah bei den Aufgaben der Klausur liegen. Wenn in der Klausur der Schwerpunkt auf einem Thema liegt, sollte dies der Schwerpunkt der Übungsklausur sein. Wenn in der Klausur der Schwerpunkt auf Freitext-Aufgaben liegt, sollte dies der Schwerpunkt der Übungsklausur sein und so weiter.

» Übungsklausuren sind der direkteste Weg, Dich auf die Aufgaben vorzubereiten, die Dich mit hoher Wahrscheinlichkeit erwarten.

Insbesondere, wenn Du Dich beim Erarbeiten für die inhalts- statt prüfungsorientierte Variante entschieden hast, profitierst Du von ihnen. An Übungsklausuren kommst Du über zwei Wege: Suche die, die es bereits gibt oder erstelle Dir mit anderen Lernwilligen welche. In beiden Fällen gilt, dass Du nah bei Deinem/Deiner Dozent/-in, Deinem Modul, Deiner (Hoch-)Schule suchen solltest.

Oft gibt es offizielle Übungsklausuren, zum Beispiel die Klausur aus dem letzten Jahr. Falls nicht, lohnt sich eine einfache Nachfrage bei dem/der Prüfer/-in. Mehr als ein „Nein" als Antwort kannst Du nicht bekommen.

Gibt es keine offiziellen Übungsklausuren, solltest Du Dich bei Deinen Kommilitoninnen und Kommilitonen aus höheren Semestern oder den Studierendenvertretungen umhören. Auch wenn es einem durchaus so vorkommen mag: Meistens ist man weder der erste (noch letzte), der eine Prüfung absolviert. Das bedeutet, dass es einen wahren Schatz an Erfahrungen gibt, wie mutmaßlich Aufgabenstellungen und Themen aussehen. Nutze diese Erfahrungen.

Wenn Du in Deinem Umfeld keine Übungsklausuren auftreiben kannst, kannst Du Dich im Internet auf die Suche begeben. Dort findest Du zu fast jedem Thema Übungsaufgaben oder -klausuren. Doch Vorsicht: Es gibt zu denselben Themen Unterschiede nach Lehrstätte, Region, Land, Bildungsgrad… Diese liegen manchmal nur in Details – was dennoch problematisch wird, wenn diese Details Deinem/Deiner Prüfer/-in wichtig sind. Also verirre Dich nicht, falls im Internet etwas anders gelöst wird, als Du es beigebracht bekommen hast und bleibe dabei.

Übungsaufgaben oder -klausuren aus dem Internet können also für Schwierigkeiten sorgen. Eine aus meiner Sicht bessere Vorgehensweise ist es, sich mit Kommilitonen und Kommilitoninnen gegenseitig Aufgaben zu stellen. Das heißt, Du denkst Dir auf Basis des Stoffes, Deiner Erkenntnisse zur möglichen Klausur und bisherigen Übungsaufgaben Aufgaben aus und gibst diese jemand anderem zur Lösung (und umgekehrt).

Das hat mehrere Vorteile. Beim Erstellen der Aufgaben setzt Du die Dozentenbrille auf und betrachtest den Stoff von der anderen Seite. Wo sind die Kernpunkte, die Du abfragen würdest? Welche fiesen Verständnisdetails gibt es, mit denen Du in der Notenvergabe „die Spreu vom

Weizen trennen" würdest? Beim Lösen der Aufgaben hast Du den Vorteil, dass diese von jemand anderem erstellt wurden. Du kennst (wie in der Klausur) den Lösungsweg nicht und musst ihn Dir suchen. Beim Vergleich der Lösung mit der beabsichtigten des Fragestellers können beide lernen: Vielleicht kommt ihr auf unterschiedliche Ergebnisse, weil ihr unterschiedliche Lösungsschritte oder Stoffinhalte verwendet habt? Dann heißt es nachforschen, um die von dem/der Dozent/-in als richtig erkannten herauszufinden.

Sei(d) nicht zu fies (zueinander), was die Schwierigkeit der Aufgaben angeht. Hauptsächlich sollen die Übungsklausuren dafür sorgen, dass ihr auf andere Weise auf euer Wissen zugreift und es anwendet. Niemandem ist geholfen, wenn ihr euch unrealistisch schwere Aufgaben stellt, die bei allen (ob ihrer Unlösbarkeit berechtigt) für Panik sorgen. Umgekehrt solltet ihr euch keine zu einfachen Aufgaben stellen, die ihr wie ein Kinderspiel lösen könnt, die aber mit der Klausur nichts mehr zu tun haben. Damit würdet ihr die Chance vertun, euch optimal vorzubereiten. Ein Gewichtheber trainiert auch nicht mit 12 kg Gewicht, um im Wettkampf 200 kg zu stemmen.

7.3.2 Lerngruppen

Sich mit Kommilitoninnen und Kommilitonen (je nach vergangener Zeit und Sympathie vermutlich eher Freundinnen und Freunden) zum Lernen zu treffen, ist eine wunderbare Gelegenheit, selbst bei tristestem Lernstoff eine schöne Zeit zu verbringen. Nebenbei lernt man viel. Wieso? Wie beim Erstellen von Übungsklausuren treffen die individuellen Sichtweisen aller eingebundenen Personen aufeinander.

» Über das Besprechen anderer Perspektiven, Merktechniken und (vermeintlich?) falscher Lösungen lernt man eine ganze Menge.

Das liegt daran, dass ständig Schubladen neu und besser beschriftet und falsche Beschriftungen durchgestrichen werden.

Damit das funktioniert, muss in jedem Kopf eine Perspektive auf die Dinge vorhanden sein. Daher sind Lerngruppen meiner Ansicht nach erst sinnvoll, sobald sich jede(r) mit dem Stoff auseinandergesetzt (also gelernt) hat. Andernfalls sitzt in der Lerngruppe vielleicht ein Großteil, der hofft, sich durch die Anderen das Lernen zu sparen. Das funktioniert für keine beider Seiten gut. Komplizierte Sachverhalte lassen sich nicht mal eben erklären, damit geht viel Zeit für Grundlagen drauf. Die/der es schon kann, lernt dabei nichts Neues und der/die es noch nicht kann, nicht Neues genug. Im schlimmsten Fall frustriert oder ängstigt der Schwall an so schnell nicht verarbeitbarem Neuen sogar. Ich empfehle Lerngruppen daher zum Ende der Lernphase (Deine zwei Puffer-Wochen sind perfekt dafür).

Damit wir uns nicht falsch verstehen: Nichts ist verwerflich daran, mit lauter Fragen zu einem Lerntreffen zu erscheinen. Das ist der Sinn – wenn allen alles klar ist, macht etwas Schöneres zusammen. Doch es gibt einen Unterschied zwischen „Habe versucht, etwas zu verstehen und noch eine Menge Fragen" und „Hatte keine Lust zu lernen und hätte gerne eine Erklärung aller relevanten Sachverhalte als Lerngruppen-Podcast."

Als Vorbereitung auf eine Lerngruppe solltet ihr grob besprechen, was ihr vorhabt. Ein paar Vorschläge:

- „Jede(r) hat den Stoff bis zum Kapitel X durch-gearbeitet und sich Fragen dazu notiert. Diese gehen wir dann durch."
- „Jede(r) löst die Übungsklausuren X und Y und wir vergleichen und besprechen unsere Lösungen."
- „Wir gehen zusammen die Top-50-Folien der Vorlesung durch und vergleichen unsere Notizen."

Das reicht. Du sollst mit Deinen (Lern-)Freunden keine minutiöse Tagesordnung erstellen, welche ihr sklavisch abarbeitet. Vielleicht erkennt ihr beim Treffen sowieso, dass eine andere Vorgehensweise sinnvoller ist.

> » Doch ein Ziel sorgt dafür, dass ihr neben Spaß und Gemeinsamkeit auch produktiv sein könnt, weil allen Vorbereitung und Plan für das Treffen klar sind.

7.3.3 Fasse den wichtigsten Stoff zusammen

Du hast Dich bereits viele Stunden mit Deinem Lernstoff beschäftigt. Dabei wird Dir aufgefallen sein, dass nicht alles gleich wichtig ist.

Wichtig ist zum Beispiel eine Tabelle, die Du bei jeder Übungsaufgabe zurate ziehen musstest. Das Ablaufdiagramm aus der Präsentation Deines/-r Professors/ Professorin, welches Dir hilft, die richtige Schublade in Deinem Kopf zu finden. Die Zusammenfassung am Ende des einen Kapitels, welche einen perfekten Überblick über die Differenzen zwischen Forschungssträngen A und B gibt. Die Karteikarten mit der Klassifikationsskala für bestimmte Werte, die Du zur Lösung jeder Aufgabe brauchst.

» Diese Dinge bilden das Zentrum Deines Lernstoffes. Du solltest dafür sorgen, dass sie Dir in Fleisch und Blut übergehen.

Zunächst geht es um knallhartes Aussieben des Lernstoffes. Wenn Du für die Prüfung 20 Dinge auswählen müsstest, außer denen Du alles vergisst (ein Gedankenexperiment, keine Sorge): Welche wären das? Mit welchen Inhalten hast Du Schwierigkeiten und kannst sie Dir (bisher) einfach nicht merken?

Diesen Lernstoff solltest Du vom übrigen Stoff trennen und ihn auf Papier anfassen können. Da ich Dir bis hierhin oft empfohlen habe, digital zu arbeiten, mag Dich das verwirren. Doch nun sieht das Ganze anders aus. Jetzt geht es nicht darum, Massen an Stoff (sondern wenigen wichtigen) in einem System für die Ewigkeit (sondern die paar Tage bis zur Prüfung) unterzubringen und zu lernen.

Nachdem Du den wichtigen Stoff identifiziert hast, nimm Zettel, Stift und Papier-Karteikarten. Schreibe den Stoff mit der Hand ab. Die Karteikarten kannst Du einfach übertragen, die Mindmaps kannst Du komplett abmalen oder die wichtigsten Elemente wählen. Schaubilder und Diagramme kannst Du ebenfalls abmalen und zwar so, dass Sie *für Dich* am einfachsten verständlich sind. Verwende ruhig (andere) Farben oder Markierungen.

Falls Du bisher bereits auf Papier unterwegs warst, empfehle ich Dir dennoch das Abschreiben. Es sorgt für zusätzliche Festigung und lässt Dein Wiederholungssystem in Takt (weil Du keine Karte herausnehmen musst, die nie wieder an der Stelle landet).

Du hast jetzt einen „Juwelen-Stapel" vor Dir liegen, mit den wichtigsten Dingen. Erinnerst Du Dich an das Konzept des Überlernens aus Kap. 6? Der Konzertpianist, der weiter übt, auch wenn er das Stück bereits kann? Erinnerst Du Dich an den optimalen Wiederholungsrhythmus von einem Tag für Prüfungen in ungefähr einer Woche? Also täglich an die Tasten!

> » Den Juwelen-Stapel solltest Du fortan jeden Tag wiederholen. Das hat für die letzten Tage bis zur Prüfung Vorrang.

Wenn Du die Wahl hast zwischen Deiner Routine und dem Extra-Stapel, sollte (je kürzer vor der Prüfung) Deine Entscheidung (desto eher) auf den Papierstapel fallen.

Hinsichtlich des Speicherns des Stoffes hast Du damit alles getan, um mit Deinem gewünschten Ergebnis zu bestehen. Nun bereiten wir Dich optimal darauf vor, den Stoff in der Prüfungssituation *abrufe*n zu können.

7.4   Transfer-Vorbereitung

Was, Fußball? Nein, keine Sorge – oder: sorry, leider nein (falls Du fußballbegeistert bist). Es wird im Folgenden um einen anderen Transfer gehen.

> » Transfer bedeutet die Über-
> tragung oder Überführung von
> etwas. In diesem Fall wollen wir
> den gelernten Stoff von „zu
> Hause" mit „in die Prüfung"
> nehmen.

Klingt recht simpel, schließlich ist der Stoff in Deinem Kopf, Dein Kopf (zumindest zu Lebzeiten) in der Nähe Deines Körpers und Dein Körper zumeist in einer Prüfung anwesend.

Hast Du auch schon erlebt, dass das nicht so simpel ist? Beim Lernen war alles einfach und Du konntest die fünf Materialkategorien problemlos aufzählen und auseinanderhalten. Dann in der Prüfung – Fehlanzeige. War das jetzt die dritte Kategorie? Und falls ja, wie heißt dann die vierte? Irgendwas mit „E"…

Noch schlimmer wird es, wenn Du Dein Wissen außerhalb von Lernen oder Prüfung abrufen musst. Wenn Dich Deine Chefin im Praktikum ohne Vorwarnung fragt: „Sie haben doch grad studiert, welche Elemente gehören denn wissenschaftlich gesehen zu einer guten Produktstrategie?" Nein, kein Tinnitus. Das ist die Leere in Deinem Kopf, die Geräusche macht, während Dich alle im Meeting anstarren und auf Deine wissenschaftlich fundierte Antwort warten.

Also, wenn (das sei angenommen) in beiden Fällen das Wissen im Kopf ist, warum kommt es nicht raus? Oben sprachen wir bereits über den Unterschied zwischen Speicherung und Abrufbarkeit. Der Stoff liegt wohlbehütet im Regalfach, doch Du kommst nicht ran oder weißt nicht, in welchem Gang das Regal ist.

Wissen ist schüchtern, wie viele Menschen. Wenn wir in eine neue Situation kommen (erster Tag in einer neuen Klasse, erster Vortrag, erstes Training im neuen Sportverein, erste Mittagspause mit neuen Kollegen), halten sich die meisten Menschen zurück und sondieren die Lage. Wer kann mit wem gut? Wer ist der Chef? Wer ist absoluter Katzen-Liebhaber und hasst jeden, der Katzen nicht liebt? Mit jedem Mal, wo sich die Situation wiederholt, werden die Menschen lockerer, ein bisschen mehr „sie selbst" und finden nach und nach ihren Platz. Zunächst einmal gilt es jedoch, sich an die neuen Umstände zu gewöhnen.

Deinem Wissen geht es ähnlich. Bisher warst Du mit ihm allein und hast es am Schreibtisch hin und her gewälzt. Niemand anders war im Raum. Dass Du die Karteikarte falsch beantwortet hast, war ärgerlich, aber nicht schlimm. Es gab keine schlimmen Konsequenzen, auch nicht, als Du fünf Minuten länger zur Lösung der Aufgabe brauchtest. Diese Situation kennt Dein Wissen und in der kommt es gerne auf Kommando raus.

Nun sitzt Du in der Prüfung. Vierzig, fünfzig andere Menschen sitzen mit Dir im Hörsaal, suchen ihr Kaugummi, lassen das Lineal fallen, rutschen nervös herum und lassen ihre Stühle knarren. Richtig konzentrieren kannst Du Dich nicht, aber musst Du jetzt. Jetzt zählt Deine Antwort. Also besser darüber nachdenken, ob – oh je, wie lange sitzt Du schon an der Aufgabe? Die Prüfungsaufsicht kommt vorbei und will Deinen Ausweis sehen. Noch mal von vorne, das müsste „A" sein, weil … Dein Sitznachbar gestikuliert hinter dem Rücken der Aufsicht wild herum und will, dass Du auf Seite 3 zurückblätterst. Insgesamt: ganz andere Situation. Hier ziert sich Dein Wissen, denn das kennt es (noch) nicht.

> » Dein Körper gewöhnt sich an die Situationen und Umstände (Kontexte), in denen er Dinge tut. Bleibt der Kontext gleich, kannst Du etwas besser, als wenn der Kontext ein anderer ist.

Das gilt für Wissen und Fähigkeiten (Autofahren mit/ohne Fahrlehrer/Prüfer/Beifahrer, Klavierspielen alleine/mit Zuhörern, einen Elfmeter mit Freunden/vor grölendem Publikum schießen).

Der Kontext setzt sich aus verschiedenen Faktoren zusammen. Schauen wir uns die wichtigsten für die Prüfungssituation an.

Ein Einflussfaktor ist der Ort. Wenn Du immer am selben Ort sitzt, während Du Vokabeln lernst, wird allein der Ort den Körper darauf einstellen, dass er Vokabeln zu lernen hat. Er wird in den Vokabelregalen in Deinem Kopf schon mal das Licht anschalten, sodass Dir das Abrufen leicht(er) fällt. An einem anderen Ort ist Dein Körper noch nicht direkt darauf eingestellt und etwas überrascht („Was, wie, wo, wieso Vokabeln? Na gut, dann gehe ich mal das Licht anmachen"). Das Abrufen dauert damit etwas länger und/oder funktioniert nicht (so gut).

Forscher untersuchten das 1978 in den USA (Smith et al. 1978). Sie konfrontierten Studierende mit 80 Wörtern und schauten, wie viele davon sie am Folgetag erinnerten. Eine Gruppe lernte die Wörter in dem Raum, in welchem der Test stattfand. Die andere Gruppe lernte die Wörter in einem anderen Raum. Die Studierenden, die im Prüfungsraum gelernt hatten, konnten sich an 49 Wörter erinnern. Die aus einem anderen Raum nur an 35.

Ein weiterer Einflussfaktor ist das soziale Umfeld. Bist Du allein oder mit anderen Menschen zusammen? Kennst Du diese Menschen? Magst Du sie? Wie sind sie drauf, entspannt und locker oder angespannt und nervös?

Bist Du beim Lernen für Dich, wird sich Dein Körper an diese Arbeitsatmosphäre gewöhnt haben. Er wird weniger daran gewöhnt sein, dass beim Versuch, Dich zu konzentrieren, viele Menschen um Dich herum viele Geräusche verursachen. Lernst Du immer im turbulenten Wohnzimmer Deiner 12-Personen-WG und sitzt dann in einem stillen Prüfungsraum, kann das wiederum problematisch für Dich sein.

Dazu kommt, wer um Dich herum ist. Sind es Freunde, mit denen Du viel zusammen gefeiert und gelernt hast, fühlst Du Dich vermutlich anders (ich vermute wohler) als mit zufällig gelosten Prüfungsteilnehmenden, die Du nicht kennst. Wir Menschen orientieren uns zudem stark an den Menschen unserer Umgebung. Wenn alle in Panik ausbrechen, wird sich etwas in Dir fragen, ob das nicht gerechtfertigt ist und die eigene Panik-Maschine anwerfen.

Das beeinflusst einen weiteren wichtigen Faktor, Deinen inneren Zustand. Bist Du beim Lernen entspannt, weil es „um nichts geht", ist das anders in der Prüfung, wo es „um alles geht." Beim Lernen hast Du keine harte Deadline, bei der Du den Stift fallen lassen musst – in der Prüfung schon. Zeitdruck löst Anspannung aus. Du lernst (klugerweise) zu Zeiten, wo Du hellwach bist. Eine Prüfung kann gerne frühmorgens, spätabends oder mitten in Deinem Mittagstief liegen, sodass Du müde oder einfach nicht auf Lernen eingestellt bist.

Damit wir uns nicht falsch verstehen: Alle genannten Möglichkeiten (still oder laut, Zuhause oder Bibliothek, alleine oder mit anderen, morgens oder abends) sind okay und einfach eine Typ-Frage.

> » Gestalte Dein Lernen so, wie es für Dich am besten passt. Es gibt kein *gut* oder *schlecht,* solange es Deinem Lernen dient.

Hier geht es um die wertfreie Feststellung, wo Dein Lernkontext *dem Prüfungskontext ähnlich* oder *unähnlich* ist.

Bildlich gesprochen ist der Lernkontext das eine Ufer eines Flusses, der Prüfungskontext das andere. Wenn sich beide Kontexte kaum unterscheiden, ist der Fluss dazwischen schmal und fließt ruhig. Wenn beide Kontexte weit auseinanderliegen, kann es ein breiter, tosender Fluss mit Stromschnellen sein. Deine (Transfer-)Leistung: Dich und Dein Wissen trocken auf die andere Uferseite zu bekommen. Bei dem schmalen Fluss genügt ein kleiner Sprung, doch bei dem breiten… keine Chance.

Es gibt zwei Möglichkeiten, in der Prüfung trocken zu bleiben: Dafür sorgen, dass die Ufer nah beieinander liegen (indem sich Übung kaum von Realität unterscheidet) oder eine Brücke bauen.

Erstere Möglichkeit wird in der praktischen Pilotenausbildung genutzt. Hier werden Notfälle in Simulatoren trainiert, die Cockpit, Geräusche und Bewegungen täuschend echt nachstellen. Wird ein Feuer simuliert, wird Nebel in die Kabine geleitet, welcher die Sicht verschlechtert und die Crew setzt Sauerstoffmasken auf, wie sie im echten Flugzeug zu finden sind. Damit kommuniziert und sieht es sich schlechter, sodass das weitere Vorgehen erschwert ist. Bei einem echten Brand an Bord kommt die Lebensbedrohlichkeit der Situation hinzu. Doch alles Übrige ist so realitätsnah trainiert worden, dass der Crew der Sprung vom Übungs- in den Realitätskontext gelingt.

Übertragen auf das Lernen hieße das: Für die Klausur von 07:00 bis 08:30 Uhr absolvierst Du Übungsklausuren von 07:00 bis 08:30 Uhr, nach nur vier Stunden Schlaf (falls Du vor Prüfungen nicht gut schläfst), ohne Frühstück (falls Du vor Prüfungen nichts runter kriegst), sitzt dabei im späteren Prüfungsraum mit anderen Menschen und wirst von diesen regelmäßig aus Deinen Gedanken gerissen, während Dich auf Deinem späteren Platz die Sonne ungünstig blendet.

Du merkst, das lässt sich nicht zu 100 % realisieren. Es zeigt jedoch gut, wo Du ansetzen kannst. Bist Du Langschläfer und die Prüfung ist morgens, beziehe das ein, indem Du Dich morgens zum Lernen zwingst. Bringen Dich andere schnell aus dem Konzept, lerne zu den Essenszeiten in der vollen Kantine. Kannst Du Dich schlecht konzentrieren, wenn Du müde bist, setze Dich bewusst *dann* an Deine Übungsklausur.

» Je realitätsähnlicher die Bedingungen in Deinem Training, desto leichter fällt Dir die Bewältigung der Realität.

Was ist mit den Bedingungen, die Du nicht nachstellen kannst? Die um Dich schleichende Prüfungsaufsicht? Der Druck, jetzt alles richtig zu machen? Der Prüfungssaal, in den Du nicht rein kannst oder darfst?

Bezüglich des Raumes ist eine gute Möglichkeit, dem Körper den Raum unwichtiger werden zu lassen. Zurück zur Studie von oben: Die Gruppe, die im späteren Prüfungsraum lernte, erinnerte sich an mehr Wörter. Aus einem weiteren Experiment der Forscher gehen noch spannendere Erkenntnisse hervor.

Das Experiment verlief ähnlich. Studierende, aufgeteilt in zwei Gruppen, lernten Wörter auswendig. Eine Gruppe lernte die Wörter zwei Mal im *selben* Übungsraum, die andere Gruppe in zwei *verschiedenen* Übungsräumen. Diesmal lernte also keine (!) Gruppe in dem späteren Prüfungsraum, dieser war für beide Gruppen neu. Was meinst Du, wer konnte sich bei der Prüfung in dem unbekannten Raum an mehr Wörter erinnern? Korrekt, die Gruppe, die in zwei verschiedenen Räumen gelernt hatte. Die Studierenden erinnerten sich an gut 24 Wörter, die der anderen Gruppe nur an knappe 16 der insgesamt 40.

Lernpsychologisch erklärt sich das damit, dass der Körper erlerntes Wissen ein Stück weit mit dem Umfeld verknüpft. In desto mehr Umfeldern er mit Wissen arbeitet, desto unabhängiger wird es von einem bestimmten Umfeld.

Lerne also regelmäßig an unterschiedlichen und neuen Orten, damit verknüpfst Du Dein Wissen mit immer mehr Kontexten. Im ungewohnten Prüfungsraum wird sich das auszahlen. Spontan ein neuer Prüfungsraum? Kein Problem. Auf das Wissen im Konferenzraum im Büro zugreifen? Auch besser möglich.

Für die übrigen Bedingungen kommt die zweite Möglichkeit ins Spiel: Eine Brücke bauen. Wir schauen uns dazu zwei Wege an. Erstens arbeiten wir mit Chairflying daran, uns gedanklich in die Prüfungssituation hineinzuversetzen und uns an sie zu gewöhnen. Zweitens trainieren wir unseren Körper, unter Stress auf Wissen zuzugreifen, sodass Du mit verbleibender Nervosität gut zurechtkommst.

7.4.1 Chairflying

Von Chairflying sprechen Piloten, wenn sie auf einem Stuhl fliegen – zumindest gedanklich (Stühle sind leider noch nicht so weit). Vielleicht kennst Du dafür den Begriff Mentaltraining, wie es Hochleistungssportler vor Wettkämpfen praktizieren.

» Allein durch das gedankliche Durchgehen von Situationen und Bewegungsabläufen lernen wir, diese besser zu bewältigen und auszuführen.

Es ist für Körper und Lerneffekt (fast) so, als würde man wirklich fliegen, tanzen oder beim Stabhochsprung abspringen.

Zwei Forscher und eine Forscherin untersuchten das mit 44 Tauchanfängern und Tauchanfängerinnen (Terry et al. 1998). Während der Ausbildung wird gelernt und geprüft, unter Wasser die Tauchausrüstung ab- und wieder anzulegen. Hierbei handelt es sich bei den vielen Verschlüssen und Schläuchen einer Tauchausrüstung bereits an Land um kein leichtes Unterfangen. Unter Wasser ist erst recht Koordinationsgeschick gefragt. Dabei darf der/die Taucher/-in nicht panisch werden (generell schlecht unter Wasser).

Ein Teil der Schüler/-innen erhielt während der Ausbildung neben dem Standard-Kurs ein Mentaltraining zu dieser anspruchsvollen Übung. Sie gingen gedanklich das Ab- und Anlegen detailliert durch und prägten sich den Bewegungsablauf ein. Am Ende der Ausbildung waren diese Taucher/-innen selbstsicherer, hatten weniger Angst und konnten die Übung signifikant besser ausführen als der Rest des Kurses.

Für mich hieß Chairflying in der Flugausbildung beispielsweise, mich im stillen Kämmerlein auf einem Stuhl gedanklich in die Landung hineinzuversetzen. Ich stellte mir genau vor, welche Steuereingaben ich mache, wie das Flugzeug sich verhält, wie ich auf eine Windböe reagiere. Oft bewegte ich Füße und Hände dementsprechend, um die Bewegungen noch stärker einzuspeichern. Das zahlte sich im Flugzeug aus, wo die Landungen zunehmend besser wurden.

Chairflying bietet sich an, wenn die reale Situation sehr teuer (Fliegen eines Flugzeugs), sehr selten oder gar nicht (Deine spätere Prüfungssituation) herzustellen ist. Mit mentalem Training kannst Du in dem entsprechenden Kontext trainieren.

> » Du kannst mit dem Kontext gedanklich so vertraut werden, dass Du Dich über die reale Situation kaum noch wunderst.

Wie sieht das konkret aus? Suche Dir ein ruhiges Plätzchen, wo Du ungestört bist und bleibst. Setze oder lege Dich bequem hin (unbequem genug, nicht einzuschlafen). Jetzt nimmst Du zehn ganz tiefe Atemzüge. Mit jedem Ausatmen lässt Du alles in Dir schwerer werden und entspannen. Jede Ausatmung wird ein bisschen länger als die vorige. Sobald Du ruhig und entspannt dasitzt, beginnst Du.

Stell Dir vor, wie Du vor dem Prüfungsraum stehst. Du fühlst Dich frisch und energiegeladen. Deine Gedanken sind klar und fokussiert auf die Prüfung. Du weißt, dass Du es schaffen und Dein Ziel erreichen kannst. Spüre, wie sich das anfühlt. Male Dir die Szene detailliert aus. Wie Du die (schwere/leichte?) Tür öffnest und zu Deinem Platz gehst. Du hast alle Deine benötigten Dinge dabei. Du freust Dich darauf, die Prüfung zu schreiben; dass sich Deine Mühe gleich endlich lohnt. Wie fühlt sich die Oberfläche des Stuhls an, auf dem Du sitzt? Die Blätter werden verteilt und Du bist weiter ruhig, ganz fokussiert. Ein leichtes Kribbeln verrät, dass sich Dein Körper bereit macht, jetzt alles zu geben. Atme ruhig und tief in den Bauch. Öffne die erste Seite und lies die Aufgabe. Du weißt sofort die Antwort. Ein, zwei Sekunden strukturierst Du die Antwort im Kopf, dann schreibst Du sie flüssig und selbstbewusst hin. Nächste Aufgabe. Diese ist schwieriger, doch dank Deiner Vorbereitung kein Problem. Sieh Dich selbst, wie Du eine Aufgabe nach der anderen sicher löst. Du weißt alles, was Du brauchst. Du weißt es. Fühle, wie Dich ein Glücksgefühl durchströmt. Rechtzeitig bist Du mit allen Aufgaben fertig. Du atmest tief durch und kontrollierst noch einmal Deine Antworten. Perfekt. Du spürst Dein Herz klopfen und schlägst die Blätter zu, gibst sie ab. Stolz und mit einem Lächeln auf Deinem Gesicht gehst Du zur Tür und verlässt den Raum.

Zum Ende Deiner Visualisierung atme fünf Mal ganz tief. Mit jedem Ausatmen lässt Du dieses stolze Glücksgefühl stärker werden, bis es über Dich hinauswächst. So wird es, so wirst Du es schaffen.

Ein tolles Gefühl, oder? Du kannst diese Visualisierung ganz individuell anpassen. Je individueller und detaillierter sie ist, desto besser. Brauchst Du für die Klausur Geodreieck und Taschenrechner? Dann stelle Dir auch beides vor, wie es zu Beginn auf Deinem Tisch liegt. Hat der Raum hässliche Gardinen und riecht unangenehm? Sieh und fühle es.[2] Sind es keine Freitext-, sondern Multiple-Choice-Aufgaben? Sieh die Kästchen vor Dir, aus denen Du stets das richtige heraussuchst.

Du schaust Dir so den bestmöglichen Fall an, wie einen atemberaubenden Kinofilm mit Dir in der Hauptrolle. Je intensiver Du Dir Situation und Umgebung vorstellst, desto besser kann Dein Körper beide mit Glücksgefühl und Prüfungserfolg verknüpfen. Stehst Du schließlich wirklich vor dem Raum, wird er einladend(er) statt bedrohlich wirken, Du wirst Dich besser fokussieren und eine gute Prüfung ablegen können.

Wenn Du so trainierst, hast Du bereits viel gewonnen. Oft hört Mentaltraining hier auf, bei der Visualisierung des optimalen Ablaufs. Das ergibt in gewisser Hinsicht Sinn. Du möchtest Dein Unbewusstsein mit diesem positiven Erlebnis füttern, die Situation optimal durch-leben und dies dann in der Realität „nachmachen". Genau wie die Taucher/-innen in Gedanken gelernt haben, ihre Ausrüstung perfekt ab- und wieder anzulegen.

Einen Haken hat diese Technik jedoch. Der perfekte Film, den Du Dir vorstellst, ist ein starres Gebilde. Eine kleine Abweichung kann ihn ins Wanken bringen.

In der Flugausbildung erlebte ich das oft. Zum einen, weil Fliegen dynamisch ist und sich Umstände ständig ändern. Zum anderen, weil die Ausbilder dafür sorgen, dass dies noch häufiger als ohnehin passiert, damit man sich daran gewöhnt.

---

[2] Mögliche Zusatz-Option, um gezielt zu trainieren, in diesem Umfeld auf Wissen zuzugreifen: Versetze Dich wie beschrieben so intensiv Du kannst mit allen Sinnen und Details in Raum und Prüfungssituation. Behalte dieses Bild bei und wiederhole den zugehörigen Stoff.

Ein Beispiel: Ich hatte meinen Flug ausgiebig vorbereitet, gedanklich durchgespielt und fühlte mich spitze. Ein Blick auf das Wetter. Andere Windrichtung als erwartet. Damit änderte sich die Startrichtung[3], damit die Abflugroute, damit das ganze Abflugverfahren, welches ich gedanklich immer wieder durchgegangen war. Gut, nützt nichts, es konnte losgehen. Dann beim Steigflug ein unerwartetes Problem, der Motor wurde zu heiß. Weiter steigen war damit erst einmal nicht möglich, die Abflugroute musste in Abstimmung mit der Flugsicherung angepasst werden. Sobald das geklärt und der Motor abgekühlt war, nahm ich meine geplante Route auf. Ab hier entsprach alles dem, was ich gedanklich durchgegangen war. „Wo geht es jetzt lang?", fragte mich der Fluglehrer. „In drei Meilen kommt die Rechtskurve nach Norden und wir steigen weiter", antwortete ich. Kurz vor der geplanten Kurve sagte mein Fluglehrer: „Ja, weißt Du ... Wir fliegen nach Süden zu einem anderen Flugplatz. Los gehts!" Hörst Du, wie der Film reißt und sich die ganze Filmrolle abwickelt? Ich hörte es damals sehr deutlich.

Bei Prüfungen kann Ähnliches passieren. Du triffst pünktlich und fokussiert vor dem Prüfungsraum ein, doch dort hängt ein Zettel, dass die Prüfung woanders stattfindet. Du hetzt über den Campus und fühlst Dich ganz und gar nicht (mehr) energiegeladen und fokussiert, als Du bei dem (Dir bis dato unbekannten) Raum eintriffst. Und/oder Du schlägst die Klausur auf und die erste Aufgabe sagt Dir – nichts.

---

[3] Flugzeuge starten und landen, wann immer möglich, gegen den Wind.

Ist damit alles verloren? War mein Flug schlecht, weil der Film gerissen war? Muss die Prüfung schlecht laufen? Nein. Du kannst Dich darauf vorbereiten.

Erfolgreiches Chairflying hat aus meiner Sicht zwei Komponenten. Die erste haben wir bereits kennengelernt, das Durchgehen des optimalen Ablaufs. Wie wir gesehen haben, hat das dort seine Grenzen, wo Ungeplantes passiert. Hier kommt die zweite Komponente ins Spiel: Aktiv visualisieren, was Du *dann* tust und *wie* Du die Situation *trotzdem* erfolgreich bewältigst.

Probleme im Umgang mit Unerwartetem sind mehrheitlich das Resultat von Stress. *Oh Gott, jetzt komme ich zu spät! Oh je, das kann ich aber nicht, wie soll ich das schaffen? Darauf bin ich gar nicht vorbereitet! Was, wenn ich jetzt versage? Ich bin so ein Trottel! Alle Vorbereitung umsonst. Ich falle bestimmt durch!*

Dein Kopf antizipiert negative Konsequenzen der Situation und findet diese (berechtigterweise) bedrohlich. Auf Bedrohung reagieren wir Menschen mit Stress. Stress ist eine uralte Reaktion und schützt uns vor Gefahren. Erinnerst Du Dich an das Knacken im Unterholz beim Beerenpflücken aus Kap. 2? Der Körper musste schnell darauf vorbereitet werden, zu fliehen oder zu kämpfen, falls das Knacken tatsächlich von einem Feind stammte.

Dein Körper trifft bei einer Bedrohung daher innerhalb von Sekunden die nötigen Vorbereitungen. Die Hormone Adrenalin und Noradrenalin werden ausgeschüttet, der Blutdruck erhöht sich, die Atmung wird flacher, die Muskeln werden besser versorgt und für Kampf oder Flucht unwichtige Organe schlechter. Die Pupillen erweitern sich, das Blickfeld wird größer. Schweiß wird produziert.

Ob die Bedrohung ein Tiger oder eine gedanklich gescheiterte Prüfung ist, ist für diese Grundreaktion unerheblich. Bedrohung ist Bedrohung, die Antwort des

Körpers lautet Stress. Das Blöde: Im Falle des Tigers hilft Stress, im Falle der Prüfung nicht. Stress ordnet nämlich unsere kognitiven Prozesse so, dass sie uns bestmöglich schützen. Zum Beispiel speichern wir dank Stress sehr gut ab, was zum Stress geführt hat, damit wir diese Situation(en) vermeiden lernen. Wir können hingegen unter Stress deutlich schlechter auf vorhandenes Wissen zugreifen. Unsere Kreativität und Problemlösefähigkeit sind beeinträchtigt. Alles Dinge, die in der Prüfung (und im Cockpit) dringend gebraucht würden.

Wie kriegen wir sie zurück? Indem wir der Stressreaktion gezielt entgegenarbeiten. Der wirksamste Hebel dafür ist die Atmung. Wie beschrieben wird die Atmung unter Stress flach(er) und verlagert sich in den Brustbereich. Diese Atmung verknüpft der Körper mit Stress. Das Gegenteil ist die tiefe Atmung in den Bauch. Diese Atmung verknüpft der Körper mit Entspannung. Durch tiefe, gleichmäßige Atmung in den Bauch können wir den Körper also weg von der Stressreaktion und hin zur Entspannung führen.

Zusätzlich liegt es in unserer Macht, wie wir eine Stressreaktion bewerten. Stress in einer herausfordernden Situation ist ganz normal, in einigem Maße sogar nötig. Er aktiviert uns, verscheucht Müdigkeit, lässt uns schneller arbeiten. Die beste Leistung bringen wir daher, wenn etwas (nur nicht zu viel) Stress wirkt.

Die zweite Komponente des Chairflyings berücksichtigt die Stressreaktion und ihre Auswirkungen. Wir überlegen uns bewusst, welche Herausforderungen möglicherweise aufkommen. Wir spüren nach, wie daraufhin Stress in uns aufwallt, wie wir uns fühlen. Viel mehr als der Umgebung (äußerer Kontext) widmen wir uns jetzt den Empfindungen, Gefühlen und Gedanken (innerer Kontext). Wie geht es Dir, wenn Du vor oder in einer Prüfung Stress hast? Wo und wie spürst Du das? Zittert

Deine Hand beim Schreiben? Fängst Du an zu schwitzen? Fangen Deine Gedanken zu rasen an und springen von Aufgabe zu Aufgabe, ohne Lösungen hervorzubringen?

Wir stellen uns all das als Kontext vor. Unser Ziel ist nicht, dort stehen zu bleiben und uns in Panik zu steigern. Verliere Dich nicht in den Gefühlen und Eindrücken. Stattdessen arbeiten wir aus dem Kontext heraus daran, die Situation erfolgreich zu bewältigen.

Stelle Dir vor, wie Du Dich auf Deine Atmung fokussierst. Verlagere Deine Atmung bewusst in den Bauch. Spüre, wie sich das zunächst ungewohnt anfühlt, doch bereits beim zweiten Atemzug zu wirken beginnt. Deine Gedanken werden langsamer, Du merkst, wie angespannt Du bist. Bewusst kannst Du nun Deine Schultern sinken lassen und die Muskeln entspannen. Klare Gedanken kehren zurück, Du spürst Deinen Fokus mit jeder Sekunde stärker werden. Du schaffst das.

Dieser Einstieg ist perfekt, um zu visualisieren, wie Du die Herausforderung erfolgreich bewältigst. Stelle Dir konkret vor, welche Schritte Du jetzt ausführst. Hast Du hektisch von Aufgabe zu Aufgabe geblickt? Dann stelle Dir vor, wie Du mit Deiner zurückerlangten Ruhe (nur) eine Aufgabe herauspickst und Dir nach kurzem Nachdenken zu dieser etwas Gutes einfällt. Ist Deine Hand verkrampft, weil Du so angespannt warst? Stell Dir vor, wie Du sie bewusst ausschüttelst und massierst und anschließend mit ruhiger Hand fortfährst.

Gebe Dich auch hier zum Abschluss dem guten Gefühl hin, dass Du es erfolgreich geschafft hast. Du hast die Herausforderung bewältigt. Falls sie tatsächlich aufkommt, wirst Du sie genauso bewältigen und Dein Ziel erreichen können. Du bist auf Widrigkeiten eingestellt. Atme fünf Mal ganz tief. Mit jedem Ausatmen lässt Du das stolze Glücksgefühl stärker werden, bis es über Dich hinauswächst. So wird es, so wirst Du es schaffen.

Nach diesem Prinzip kannst Du neben der Visualisierung des optimalen Ablaufs die Prüfung so variantenreich durchgehen, wie Du möchtest. Chairflye die letzten Tage vor der Prüfung ruhig jeden Tag. Auf je mehr Umstände Du Dich vorbereitest, desto besser.

Als kleine Anregung: Wie fühlst Du Dich und was tust Du, wenn …

- Dir kurz vor der Prüfung jemand erklärt, das sei anders zu lösen, als Du es dachtest?
- Du gerade fertig eingerichtet sitzt und der Prüfungsraum gewechselt werden muss?
- die erste Aufgabe Dir überhaupt nichts sagt?
- Dir 5 min vor Abgabe auffällt, dass Du eine Aufgabe übersehen hast?
- ein Schaubild beschriftet werden soll, welches Du noch nie gesehen hast?
- Dein Sitznachbar alle zwei Aufgaben zum Geodreieck greift und Du es bisher bei keiner einzigen nutzen musstest (oder denkst Du das nur?!)?
- Dir im Hörsaal auffällt, dass Du Deinen Taschenrechner vergessen hast?
- der Bus nicht kommt, der Dich zur Prüfung bringen soll(te)?
- Du verschläfst, viel zu spät dran bist und völlig abgehetzt und ohne Frühstück bei der Prüfung eintriffst?

Das klingt vielleicht aufwendig, unnötig oder erst recht beunruhigend. Doch Du kannst nicht verlieren: Falls nichts vom Chairflying eintritt (zum Beispiel, weil Du so gut vorbereitet bist, kaum Aufregung spürst und nicht verspätet bist), fühlt sich die Prüfung an wie ein entspannter Spaziergang. Falls eines der Risiken eintritt, wirst Du verblüfft sein, wie wirksam Chairflying ist.

> » Du wirst gelassen tun, was Du Dir vorgenommen hast und das Beste aus den Umständen herausholen. Du hast, wie schon beim Lernen, einen Plan.

7.4.2 Stress Dich

So wie wir mit Chairflying den Körper an die Situation gewöhnt haben, gewöhnen wir ihn jetzt, unter Stress auf Wissen zuzugreifen. Denn es gilt wie bei eigentlich allem: Je häufiger Du das tust, desto besser wirst Du darin.

> » Du solltest Dich beim Lernen gezielt (nicht immer, keine Angst) Stress aussetzen.

Wie? Nimm ein paar Lernkarten mit ins Fitnessstudio und gehe sie in den Satzpausen oder auf dem Laufband durch. Körperliche Aktivierung setzt Deinem Körper Stressreize, sodass es zunächst ungewohnt und schwierig sein wird, Dich an den Stoff zu erinnern. Aber es wird mit der Zeit immer besser.

Ein weiterer toller Stressreiz ist kaltes Wasser. Dreh unter der Dusche auf unangenehm kalt und bleib im Strahl stehen, bis Du den Merksatz zu Ende aufgesagt hast.

Deiner Kreativität sind keine Grenzen gesetzt (sofern alles sicher bleibt, selbstverständlich). Stell Dich mit nackten Füßen auf einen steinigen Untergrund. Dreh Dich auf Deinem Schreibtischstuhl, bis Dir schwindlig wird und gehe Vokabeln durch. Halte eine Planke, bis Du den Stoff durchgegangen bist. Gehe Lernkarten durch und mache immer einen Burpee, bevor Du die nächste Karte nimmst.

Neben physischem Stress kannst Du Dich psychischem Stress aussetzen, indem Du Stoff abrufst, während anderes um Deine Aufmerksamkeit buhlt. Das kann Fernsehen sein (beginne mit Serien, die Du auswendig kennst, steigere Dich über langweilige unbekannte zu spannenden unbekannten) oder Musikhören (vielleicht Musik, die Dich stört und das laut?). Kannst Du jonglieren? Ein wunderbarer Störreiz.

Anfangs wird es Dir beim Stresslernen schwerfallen, Dich an den Stoff zu erinnern. Das ist der Sinn! Bleib dran und lass Dich davon nicht entmutigen.

Um es klar zu sagen: Wir sprechen von Abrufen von bereits erarbeitetem Wissen als letztes i-Tüpfelchen für wichtigen Stoff. Ich empfehle nicht, Dein Lehrbuch mit ins Fitnessstudio zu nehmen, um in einminütigen Satzpausen zu versuchen, einen Textabschnitt zu erarbeiten. Ich empfehle nicht, das für allen Lernstoff zu machen. Das klappt beides nicht oder dauert ewig. „Stresslernen" kannst Du, sobald Du den Stoff gut beherrscht und wichtige Inhalte.

Des Weiteren sollte sich von selbst verstehen, dass Deine Sicherheit und Gesundheit immer Vorrang haben. Bleib nicht 15 min im Eiswasser, weil Du Dich an das letzte Wort im Merksatz nicht erinnerst oder vernachlässige Deine Ausführung beim Sport. Im Vergleich zu Deiner Gesundheit ist Lernen wirklich unwichtig.

Du kannst Dich mit diesen Methoden wunderbar gewöhnen, unter Stress auf Wissen zuzugreifen. Du kannst sie mit der folgenden Technik verbinden. Diese trainiert Dich, *unerwartet* auf Dein Wissen zuzugreifen (spannend für Stoff, den Du zum Beispiel für den Arbeitsalltag lernst).

Hierfür überlegst Du Dir bestimmte Kommandos und Signale in Deinem Alltag, zu welchen Du einen bestimmten Lerninhalt durchgehst. Zum Beispiel musst Du immer, wenn und bevor Du Dein Handy entsperrst, einen Merksatz durchgehen. Immer, wenn Du einen Wasserhahn betätigst. Immer beim Klingeln (D)eines Handys. Immer, wenn Du eine Türklinke berührst. Egal was. Hauptsache, es taucht häufig auf.

Wenn Du diese Methoden benutzt, verleihst Du Deinem Lernen den letzten Schliff. Du bist nicht nur bestens auf den Stoff vorbereitet (Speicherung), sondern auch auf die Prüfungssituation (Abruf).

» Über das Stresslernen hast Du dafür gesorgt, Dein Wissen unter schwierigen Bedingungen abrufen zu können.

Einer erfolgreichen Landung unseres Lernfluges steht nichts mehr im Wege. Ich würde sagen, wir sind bereit für Kap. 8 – „Lernflug, cleared to land!"

Das Kapitel in Kürze

- Es gibt einen Unterschied zwischen dem Wiedergeben und Anwenden von Wissen.
- Damit Du das Wissen gut anwenden kannst, greife auf verschiedene Arten darauf zu: Übungsklausuren, Lerngruppen.
- Identifiziere den wichtigsten Lernstoff (Juwelen-Stapel) und wiederhole diesen die letzten Tage täglich, um ihn bestmöglich zu beherrschen.

- Es gibt einen Unterschied zwischen Speicherung und Abrufbarkeit von Wissen.
- Damit Du Dein Wissen möglichst gut abrufen kannst, trainiere den Transfer: Lerne möglichst realitätsnah und chairflye die Prüfung.
- Nutze Stresslernen, um Dich daran zu gewöhnen, Stoff unter Stress abzurufen.

Empfehlung

- Unter „Weiterführende Literatur" am Ende des Buches findest Du zum Thema...
  - Atmung (Englisch): Vranich und Sabin (2020)

You have control

- Suche und/oder erstelle Übungsklausuren für Deine Prüfung und löse diese.
- Gründe eine Lerngruppe und gehe zusammen mit anderen den Stoff durch.
- Identifiziere den wichtigsten Stoff und schreibe ihn auf einen separaten Juwelen-Stapel zusammen.
- Notiere alles, was Du über die Prüfung weißt. Wie kannst Du Dein Lernen möglichst ähnlich gestalten?
- Chairflye die Prüfung und wie Du mit möglichen Herausforderungen umgehen wirst.
- Wo lernst Du heute, wo Du noch nie gelernt hast?
- Welche Form von Stresslernen probierst Du heute aus?

8

Die Landung

Nun ist es so weit. Das Ziel aller Bemühungen ist da, die Landebahn.

8.1 Ein Flug

Die Piloten folgen dem Anflugverfahren und gelangen so auf den Kurs der Landebahn. Ein kontinuierliches Sinken zum Aufsetzpunkt beginnt. Fahrwerk und Landeklappen werden ausgefahren. Mit ausgefahrenen Landeklappen kann das Flugzeug langsamer fliegen und nimmt die Landegeschwindigkeit ein. Die Kabine meldet, dass alles für die Landung vorbereitet ist. Natürlich gibt es auch wieder eine Checkliste, die gelesen wird.

Nun ist fliegerisches Handwerk gefragt, um das Flugzeug sauber und nach allen Regeln der Kunst auf die Bahn zu bringen. Sollte irgendetwas nicht optimal laufen, wird

© Der/die Autor(en), exklusiv lizenziert durch Springer-Verlag GmbH, DE, ein Teil von Springer Nature 2022
Y. Steineker, *Die Piloten-Lernstrategie*,
https://doi.org/10.1007/978-3-662-64455-3_8

nichts erzwungen, sondern durchgestartet und einfach ein neuer Anflug durchgeführt.

Das Flugzeug wird sicher aufgesetzt (was übrigens nicht „sanft" heißen muss – zum Beispiel bei Windböen oder kürzeren Landebahnen entscheiden sich Piloten bewusst für eine bestimmtere Landung) und abgebremst.

Über die von der Bodenkontrolle freigegebenen Rollwege geht es zur Parkposition. Das erfordert einige Konzentration. Je nach Flughafen und Wetter kann es schwer sein, durch die Vielzahl an Wegen zu navigieren.

An der Parkposition angekommen werden die Bremsen gesetzt, die Triebwerke abgestellt, die Anschnallzeichen ausgeschaltet und (natürlich erst jetzt) stehen alle Passagiere auf und verlassen das Flugzeug.

Für die Crew beginnt nun die Vorbereitung des nächsten Fluges oder der Feierabend. Vorher gibt es Papierkram zu erledigen. Mindestens das persönliche Logbuch über die Flugzeiten und das technische Logbuch des Flugzeugs werden ausgefüllt. Sofern es Besonderheiten auf dem Flug gab, bespricht die Crew diese in einem Debriefing.

8.2   Dein Lernflug

Du schwenkst nach letzten Vorbereitungen auf den finalen Kurs zu Deiner Prüfung ein. Nun heißt es noch einmal höchste Konzentration auf den erfolgreichen Abschluss Deines Lernfluges. Lass Deine Mühe Ihre Früchte tragen.

Wir schauen uns zwei Dinge an: Wie Du lernresistenten Stoff mit in die Prüfung nehmen kannst und wie Du Deinen Fokus auf die Prüfung beibehältst.

8.3   Last-Minute-Zettel

Es gibt Dinge, die man sich einfach nicht merken kann. Da hapert es jedes zweite Mal, wenn Du die Karte durchgehst; Du weißt nicht, wieso. Wie soll das in der Klausur werden?

Hier kannst Du ausnutzen, dass der Stoff nicht ins Langzeitgedächtnis will,

---

» aber Du ihn im Kurzzeitgedächtnis lang genug halten kannst, um ihn in die Prüfung mitzunehmen.

Du musst Dir dazu am Vorabend der Klausur einen Last-Minute-Zettel schreiben. Notiere Dir die Fakten, die Du unbedingt benötigst, aber Dir nicht merken kannst.

Dein Kurzzeitgedächtnis ist begrenzt. Ungefähr sieben Informationen kann sich der durchschnittliche Mensch im Kurzzeitgedächtnis merken. Wähle nicht zu viele Informationen aus. Aufgrund Deiner Vorbereitung sollte ohnehin bis auf wenige Ausnahmen alles felsenfest im Langzeitgedächtnis verankert sein.

Den Last-Minute-Zettel nimmst Du am nächsten Tag mit zur Prüfung. Das Ganze ist jedoch kein Spickzettel, den Du *in* der Prüfung zurate ziehst. Stattdessen nimmst Du ihn *kurz vor* der Prüfung und hämmerst Dir die notierten Informationen in den Kopf.

Das Kurzzeitgedächtnis ist anfällig für Ablenkungen und vergisst gern, was es gerade noch gespeichert hatte. Daher ist Dein Hirn jetzt ein kostbarer Tresor, der erst in der Prüfung wieder geöffnet werden darf. Das heißt konkret: Führe keine Gespräche mehr (erst recht keine prüfungsbezogenen) und beschäftigte Dich mit wenig, außer den Informationsschätzen in Deinem Kopf.

In diesem Modus bleibst Du, bis Du mit dem Schreiben beginnen darfst. Jetzt tust Du nichts anderes, als Dir eine freie (Rück-)Seite der Klausur oder Schmierpapier zu nehmen und das Gemerkte aufzuschreiben. Wenn Dir nicht alles einfällt: Egal, schreib das auf, was Du weißt. Vielleicht kommt der Rest noch, vielleicht nicht. Wichtig ist, dass Du *nicht* erst Deinen Namen auf die Klausur schreibst, die Seiten zählst, die Aufgaben überfliegst (brauche ich das, was ich mir gemerkt habe, überhaupt?), sondern einfach schreibst. Ansonsten besteht die Chance, dass Du Dich ablenkst und das wäre (wie erwähnt) blöd.

Sobald Du Dein Kurzzeitgedächtnis abgeschrieben hast, blätterst Du zum Deckblatt und tust, als hättest Du die Klausur jetzt erst bekommen. Falls Du das Wissen für eine der kommenden Aufgaben benötigst, weißt Du, wo Du nachschlagen kannst. Mission erfüllt.

8.4   Fokus: Jetzt erst recht

Fokus und Konzentration sind erfolgskritisch. Davon haben wir zu Beginn des Buches gesprochen, als es um das Clean Cockpit ging. Warum bringe ich das jetzt noch mal auf den Tisch?

Die Landung ist (mit dem Start) eine derart kritische Flugphase, dass Fokus sogar in Flugzeugen *verbaut* wurde. Dazu musst Du zunächst wissen, dass ein Flugzeug voll mit Sensoren steckt. Ein Großteil der Sensoren überwacht das Flugzeug selbst, ob alles normal funktioniert. Ist die Temperatur eines Flugzeugteils zu hoch, eine Lüftung verklemmt, der Reifendruck zu niedrig oder entwickelt sich Rauch, werden die Piloten informiert. Das geschieht mit verschiedenen Warnleuchten sowie sehr (!) alarmierenden Warntönen. Daraufhin können die Piloten reagieren und das Problem beheben.

Bei Airbus-Flugzeugen gibt es einen *Inhibit-Modus,* der bestimmte Fehlermeldungen während Start und Landung unterdrückt. Man hat erkannt, dass es während dieser Flugphasen für die Crew nicht relevant ist, dass ein Lüftungsauslass verschlossen ist. Dies würde weder zum Abbruch eines Starts noch einer Landung führen. Es ist zum aktuellen Zeitpunkt handlungsirrelevant. Damit gibt es keine Notwendigkeit, die Crew sofort zu informieren. Nur schwerwiegende Probleme (zum Beispiel ein Feuer) werden der Crew im Inhibit-Modus sofort mitgeteilt. Die übrigen, möglicherweise aufgetretenen Probleme erst bei Erreichen einer sicheren Flughöhe oder nach der Landung am Boden. Dann kümmert sich die Crew selbstverständlich auch um diese Fehlermeldungen. Das Aufschieben stellt jedoch sicher, dass der Fokus gewährleistet bleibt.

Im Alltag gibt es keinen Inhibit-Modus, der automatisch vor Ablenkungen schützt.

> »   Du solltest selbst Verantwortung dafür übernehmen, Dich vor der Prüfung nicht aus dem Konzept bringen zu lassen.

Du musst Dich vor Informationen schützen, welche Dich beunruhigen, doch Dir zum aktuellen Zeitpunkt nichts nützen, weil Du erst nach der Prüfung etwas unternehmen kannst. Handle die letzten Stunden vor der Prüfung nach dem Sprichwort: „Was ich nicht weiß, macht mich nicht heiß." Ich würde es noch ergänzen mit: „Was ich nicht anfange, kann mich nicht aufregen."

Was heißt das konkret? Lies keine Nachrichten mehr, höre keine Sprachnachrichten mehr ab. Nicht jetzt, nach der Prüfung. Du willst Deinen Mobilfunkanbieter wechseln? Nicht jetzt, nach der Prüfung. Du bist Dir nicht sicher, was Du nächstes Semester wählen sollst und wolltest noch mal die Studienordnung lesen? Nicht jetzt, nach der Prüfung.

Was ist schlimm daran, die Zeit vor der Prüfung zur Erledigung von Dingen oder zur Kommunikation mit Freunden zu nutzen, fragst Du Dich?

Viele Dinge, die Dir begegnen, sind eine Wundertüte. Eine Sprachnachricht bei WhatsApp verrät nichts über ihren Inhalt. Von einem Bericht über den Tag über ungerechtfertigte Anschuldigungen einer Freundin wegen des letzten Wochenendes hin zur Krankheit eines Familienmitglieds ist alles drin. Alles verbirgt sich hinter demselben Play-Button. Der Anruf bei Deinem Mobilfunkanbieter kann reibungslos ablaufen, kann Dir aber auch mitteilen, dass Du die Kündigungsfrist verschlafen und ein weiteres Jahr schlechtes Netz für viel Geld gewonnen hast. Beim Lesen der Studienordnung kannst Du über einen Absatz stolpern, der Dich stutzig macht: Die Veranstaltung, die Du letztes Semester gewählt hast, lässt sich nicht als Pflichtmodulersatz anrechnen. Damit kannst Du Dein Studium nicht pünktlich zum Praktikum beenden. Panik. Solltest Du jetzt beim Prüfungsamt anrufen? Ja. Keiner nimmt ab. Deinen Professor anrufen? Keiner nimmt ab. Erst nächste Woche Sprechstunde. Mist, Mist, Mist! Verzweiflung macht sich breit. Jetzt besser schlafen, morgen früh ist Prüfung, einfach nicht dran denken. Du schläfst erst nicht, dann schlecht. Bist gerädert am nächsten Morgen. Bei der Prüfung bist Du unmotiviert, da Du eh noch ein Semester dranhängen musst. Du missverstehst die Aufgabenstellung, fällst durch die Prüfung.

Du verstehst, worauf ich hinauswill. Hättest Du die Sprachnachricht nach der Prüfung abgehört, den Mobilfunkanbieter nach der Prüfung kontaktiert, Deine Studienordnung nach der Prüfung gelesen – wäre hinsichtlich dieser Dinge alles wie vorher gewesen. Dickes Aber:

> » Deine Prüfung wäre besser gelaufen und Du hättest bestanden, weil Du weniger Sorgen im Kopf gehabt hättest.

Möglicherweise entsteht sogar erst *durch* die versaute Prüfung ein Problem. Stell Dir vor, das vermeintliche Problem mit der Modulanrechnung ist gar keins. Du hättest Dein Studium rechtzeitig zum Praktikum beenden können – wenn da jetzt nicht die nicht bestandene Prüfung wäre.

> » Schütze Dich, indem Du entscheidest, welche „Wundertüten" Du kurz vor der Prüfung öffnest. Vor allem: welche nicht.

Es kann verlockend sein, Baustellen aufzureißen, weil die Prüfung Anspannung hervorruft und wir uns ablenken wollen. Widerstehe dieser Versuchung und sorge dafür, fokussiert und konzentriert in die Prüfung zu gehen. In

ein paar Stunden hast Du die Prüfung geschafft, Deine
Mühe hat sich gelohnt und dann kannst Du alle Wunder-
tüten aufreißen, die Du aufreißen möchtest.

8.5   Nach der Prüfung

Du hast die Prüfung hinter Dich gebracht, herzlichen
Glückwunsch! Hier bleibt mir nicht mehr viel zu sagen,
außer: Nimm Dir einen kurzen Moment und reflektiere
Deinen Lernprozess und wie die Prüfung gelaufen ist.

> » Was hat gut geklappt, was
> nicht? Was hättest Du anders
> machen können, um die Prüfung
> mit einem besseren Gefühl zu
> absolvieren?

Warte damit nicht zu lange (also auch nicht bis zur
Notenbekanntgabe), damit die Erinnerungen noch frisch
sind. Nicht nur unser Wissen, sondern auch Erfahrungen
verblassen mit der Zeit und werden weniger aufschluss-
reich.[1] Mit bewusster Reflexion wirst Du Dich immer

---

[1] Zusätzlich unterbindest Du vorausschauend möglichen Selbstbetrug,
wenn Du die Reflexion kurz nach der Prüfung (und am besten schriftlich)
durchführst. Wieso? Du kannst aktuell anhand der frischen Eindrücke gut
beurteilen, was hätte besser sein und laufen können. Die Tabellen hättest
Du auswendig können müssen. Mehr Übungsklausuren wären gut gewesen.
Mehr Zeit für die letzten Kapitel einplanen. *Das* sind die Infos, die für die
nächste Prüfung helfen. Wartest Du mit der Reflexion bis zur Vorbereitung
auf die nächste Prüfung, wird sich Dein Betrachtungsfokus verschieben. Du
wirst weniger darauf schauen, was für die Prüfung gut gewesen wäre, sondern
welchen Aufwand Erkenntnisse für Dich in der Zukunft bedeuten: Die

weiter verbessern und die Vorbereitung für die nächste Prüfung wird ein noch größerer Erfolg.

An dieser Stelle könnte das Buch enden, meine (und vor allem Deine!) Arbeit ist getan. Doch folgt gleich noch Kap. 9. In der Fliegerei ist es kein Geheimnis, dass Probleme auftreten können. Vielmehr hat man erkannt (weswegen Fliegen so sicher ist), dass man mögliche Zwischenfälle aktiv trainieren muss, um sie im Ernstfall sicher zu bewältigen. Du hast das in Deiner Vorbereitung beim Chairflying Deiner Prüfung berücksichtigt.

Auch beim Lernen selbst kann es zu Schwierigkeiten kommen. Daher möchte ich Dir im Kap. 9 aus meinen Erfahrungen berichten und Hilfestellung bieten, wie Du mit Problemen (schlechte Laune, fehlende Konzentration, Müdigkeit, …) umgehen kannst. Vielleicht hilft es Dir, Deinen eigenen Umgang damit zu finden oder zu verbessern.

Das Kapitel in Kürze

- Nutze Last-Minute-Zettel, um lernresistenten Stoff im Kurzzeitgedächtnis mit in die Prüfung nehmen zu können.
- Behalte Deinen Fokus auf die Prüfung und schütze Dich vor Ablenkungen und Beunruhigungen. Was Du nicht weißt, macht Dich nicht heiß. Was Du nicht anfängst, kann Dich nicht aufregen.
- Nutze nach der Prüfung einen kurzen Moment zur Reflexion: Was möchtest Du bei der nächsten Prüfung anders/besser machen? Schreibe es auf.

Tabellen? Megaanstrengend. Na ja, müssen auch nicht auswendig, Verständnis reicht.

You have control

- Vor der Prüfung:
  - Schreibe die Elemente des Stoffes auf, die Dir einfach nichts ins Hirn wollen. -> *Last-Minute-Zettel*
  - Definiere einen Zeitpunkt, ab dem Du bewusst in den Inhibit-Modus schaltest.
- Nach der Prüfung
  - Beantworte schriftlich folgende Fragen zu Deiner Prüfung:
  Wie ist die Prüfung gelaufen?
  Welche Elemente der Vorbereitung waren sehr gut?
  Welche Elemente der Vorbereitung hätte es *nicht* gebraucht?
  Welche Elemente der Vorbereitung hätte es stattdessen/zusätzlich gebraucht?
  Was wirst Du nächstes Mal anders machen, um die Prüfung mit einem (noch) besseren Gefühl zu absolvieren?

9

Troubleshooting

In der Luftfahrt unterscheidet man zwischen „Normal Procedures" und „*Ab*normal Procedures". Es gibt Verfahren für einen Flug, bei dem alles glatt läuft (normal) und Verfahren für einen Flug, bei dem ein Problem auftritt (abnormal).

In Analogie haben wir uns bis hierhin mit Normal Procedures beschäftigt. Wir haben besprochen, was Du tun kannst, um gut, effizient und wirksam zu lernen.

Nun geht es um Schwierigkeiten, welche beim Lernen in die Quere kommen können. Ich habe aus meinen Erfahrungen die häufigsten Schwierigkeiten und besten Lösungen zusammengetragen.

© Der/die Autor(en), exklusiv lizenziert durch Springer-Verlag GmbH, DE, ein Teil von Springer Nature 2022
Y. Steineker, *Die Piloten-Lernstrategie,*
https://doi.org/10.1007/978-3-662-64455-3_9

9.1   Grundhaltung für Abnormals

Es ist ein bedeutender Unterschied, ob ein Triebwerk Feuer fängt oder Du schlecht drauf bist und deswegen das heutige Lernziel nicht erreichst. In letzterem Fall musst Du nicht zwingend eine Lösung finden – beim Lernen kann und darf man einen schlechten Tag haben, an dem nichts läuft. Wenn Du eine Lösung finden *möchtest,* helfen folgende Prinzipien, die unter anderem bei Problemen im Flugzeug helfen. Diese können auch für das Verhalten in der Prüfungssituation hilfreich sein, wie Du es im Chairflying durchgehst.

> » Erstens musst Du unbedingt ruhig und besonnen bleiben.

Nur so kannst Du vernünftige Entscheidungen treffen und vermeidest, Dich durch falsche oder überstürzte Handlungen weiter reinzureiten. Nimm erst einen tiefen Atemzug und lege dann los. Nur wenige Probleme werden durch fünf Sekunden Verzögerung schlimmer.

Stell Dir folgende Situation vor, um zu verstehen, was ich meine. Du schreibst an einer Hausarbeit. Du hattest einen Schreibfluss und bist über die geschriebenen Seiten richtig glücklich, zumindest bis Word nicht mehr reagiert. Vor Euphorie über Deinen Schreiberfolg hast Du nicht gespeichert, sch***e! Wehe, wenn jetzt alles abstürzt … Du haust auf verschiedene Tasten (da, jetzt reagiert das Programm wieder!), scheinst die falsche zu treffen, das Programm schließt sich. Panik. Nächster Schritt: Programm wieder öffnen, wo ist das Dokument? Pop-up zur – bitte was? – Dokumentenwiederher – wer braucht so was, ich will an mein Dokument, „schließen"! Vor Dir öffnet sich eine leere Seite und der Cursor blinkt Dir erwartungsfroh entgegen. Deine Hausarbeit hingegen nicht.

Hättest Du beim Hängen des Programms innegehalten, durchgeatmet, dem Rechner Zeit zum Rechnen gegeben und gespeichert, wäre alles okay gewesen. Hättest Du nicht verschiedene Tasten gedrückt, ohne richtige Überlegung dahinter, wäre alles okay gewesen. Hättest Du nicht reflexhaft das Fenster zur Dokumentenwiederherstellung geschlossen, wäre alles okay gewesen. Also: Nach ein, zwei Atemzügen mit klarem Kopf zu überlegen, welche Handlungen weiterbringen (und welche nicht), hilft enorm.

Zweitens solltest Du das Sprichwort „Weine nicht über vergossene Milch" beherzigen. Was schiefgelaufen ist, ist schiefgelaufen, Du kannst es nicht mehr ändern.

» Du kannst nur von dort weiterarbeiten, wo Du stehst.

Damit meine ich nicht, dass Du Dich nicht über Dinge ärgern kannst oder sollst. Glaube mir, das tue ich auch. Emotionen anzunehmen und sie zuzulassen ist wichtig für uns Menschen. Doch Du solltest den Zeitpunkt wählen, an welchem Du Emotionen Deine Handlung(en) bestimmen lässt.

Klar wäre es besser gewesen, wärst Du heute früher aufgestanden, hättest den Wecker nicht ausgeschaltet statt zu snoozen – doch das ist bereits passiert. Wenn Du jetzt spät dran bist, wird es Dir (egal, ob pünktlich oder verspätet beim Termin) nicht helfen, Dich vorher zu ärgern und auszuschimpfen. Spare Dir das für *nach* dem Termin, wenn Deine Emotionen das Ergebnis nicht mehr negativ beeinflussen können. *Jetzt* bewahre einen kühlen Kopf und lass nicht noch den Laptop mit Deiner Präsentation zu Hause stehen.

Im Cockpit treffen die Piloten/-innen laufend Entscheidungen, mit deren Konsequenzen sie anschließend arbeiten müssen. Angenommen, die Crew hat sich entschieden, zum Ausweichflughafen zu fliegen, weil am ursprünglichen Zielflughafen das Wetter zu schlecht erwartet wurde. Nun zieht das schlechte Wetter nicht wie vorhergesagt, sondern direkt auf den Ausweichflughafen zu.

Hilft es *jetzt,* sich über die Entscheidung zu ärgern, sich oder dem/der Kollegen/-in Vorwürfe zu machen? Keineswegs. Alle Kapazitäten werden benötigt und verwendet, die Entscheidung über das weitere Vorgehen zu treffen: Sind wir voraussichtlich vor Eintreffen des Wetters gelandet? Reicht der Treibstoff bis zur geplanten Destination oder welcher Flughafen wird angesteuert?

Nach dem Flug wird besprochen, ob die Entscheidung besser hätte sein können, was man nächstes Mal anders machen wird, ob/wieso man sich (übereinander) geärgert hat. Dann ist Raum und Zeit dafür – während noch etwas auf dem Spiel steht, nicht.

Drittens möchte ich Dich an die Einleitung erinnern, wo wir über die Bordgewalt gesprochen haben. Du bist der Pilot in Command für Deinen Lernflug. Du kannst einen tollen Plan geschrieben, erarbeitet, bis hierhin verfolgt haben. Wenn jetzt ein Problem aufkommt, ein Gewitter vor der Tür steht, bist Du verantwortlich und befähigt, eine Lösung zu überlegen und umzusetzen.

» Besser einen unpassenden Plan verwerfen, als ihm aus Prinzip ins Scheitern zu folgen.

Wenn Du ein Problem erkennst, musst Du es angehen. Von alleine wird es sich nicht beheben.

9.2 Behalte die Parameter im Blick

Wie kannst Du beim Lernen feststellen, dass Du ein Problem hast oder bekommst? Einige Probleme drängen sich in den Vordergrund (abgestürzter Computer, unverständliches Kapitel, bei welchem Du jeden Satz drei Mal lesen musst). Andere Probleme sind versteckter, doch nicht minder problematisch, wenn Du sie nicht erkennst (Du wirst Dein Lernpensum nicht schaffen, ein anderes Projekt braucht dringend Deine Aufmerksamkeit).

Wie kannst Du subtilere Probleme erkennen? Im Flugzeug weiß der/die Pilot/-in genau, wie schnell er/sie auf welcher Höhe wo entlang fliegen will. Er/sie überwacht diese Parameter die ganze Zeit genau und erkennt schnell, falls einer aus dem Ruder läuft. Durch die Planung Deines Lernfluges weißt auch Du, wie die Dinge sein sollten. Wo Du stehen solltest, wie viel Du geschafft und verstanden haben solltest, wie viel Zeit Dich etwas ungefähr kosten sollte.

» Jede Abweichung vom Soll-Zustand ist tendenziell unerwünscht und sollte korrigiert werden.

Natürlich ist nicht jede Abweichung „schlimm" und führt in eine Katastrophe. Fliegt das Flugzeug einen Meter höher als geplant, ist das mehr als verschmerzbar. Fliegt das Flugzeug 100 m höher oder tiefer als geplant auf keinen Fall. Hier ist eine sofortige Korrektur nötig.

Genauso musst Du beim Lernen keinen Handlungsplan entwickeln und Dich endlich mal zusammenreißen, wenn Du statt auf Seite 207 auf Seite 206 bist. Hängst Du hingegen auf Seite 20, ist das eine Abweichung, mit der Du umgehen solltest.

Doch der Reihe nach: Was bedeutet es für Deinen Lernflug, den Steuerkurs, die Höhe und Deine Geschwindigkeit im Blick zu behalten?

Dein Steuerkurs gibt an, in welche Richtung Du Dich bewegst. Entweder ist es die Richtung, in die Du willst, oder nicht. Um auf dem richtigen Kurs zu bleiben, solltest Du die Dinge tun, die Dein Plan vorsieht (nicht am Essay für Modul A arbeiten, wenn Dein Plan Karteikartenschreiben für Modul B vorsieht). Das Ganze hat daher eine Menge mit Fokus zu tun. Wir sind auf unserem geplanten Weg und müssen verhindern, dass uns etwas von diesem Weg ablenkt.

Deine Flughöhe gibt den Detailgrad an, auf welchem Du den Stoff verarbeitest. Wenn Du in Deiner Lernplanung beschlossen hast, für dieses Fach reicht ein grobes Verständnis, musst Du beim Lernen entsprechend vorgehen. Eine falsche Flughöhe nimmst Du ein, wenn Du trotz diesem Vorsatz alle enthaltenen Werte bis auf die dritte Nachkommastelle auswendig lernst.

Eng damit verbunden ist Deine Geschwindigkeit: Wie schnell kommst Du voran? Falls Du das Kapitel in drei Stunden bearbeiten wolltest und nach 1,5 h bei der Hälfte bist, ist Deine Geschwindigkeit wie geplant. Falls Du im OLP 28 h für dieses Modul vorgesehen hast, davon 12 übrig sind und die verbleibenden Aufgaben 12 h benötigen, ist Deine Geschwindigkeit wie geplant. Falls nicht, bist Du schneller oder langsamer.

Falls Du eine Abweichung feststellst, wie solltest Du vorgehen?

Abweichungen des Steuerkurses sind prinzipiell einfach zu lösen, praktisch nicht immer. Du musst mit dem aufhören, was Du gerade Nicht-Vorgesehenes tust und stattdessen das Vorgesehene tun – nicht mehr, nicht weniger. Die Tipps zum Fokus aus Kap. 2 können Dir helfen.

Abweichungen von Flughöhe und Geschwindigkeit hängen beim Lernen oft und beim Fliegen manchmal zusammen. Ein etwas vereinfachtes Beispiel aus der Fliegerei verdeutlicht das.

Ein Langstreckenflug überquert den Atlantik. Die geplante Geschwindigkeit auf Reiseflughöhe liegt bei knapp 1000 km/h über dem Boden. Nun herrscht jedoch ein anderer Wind als vorhergesagt, welcher das Flugzeug bremst. Die tatsächliche Geschwindigkeit liegt lediglich bei 920 km/h, die pünktliche Ankunft ist nicht gewährleistet. Was könnten die Pilot/-innen tun?

Die Antwort, welche Dir vielleicht als Erstes in den Sinn kommt: schneller fliegen, also den Schub erhöhen. Das ist eine Möglichkeit, doch nicht unbedingt zielführend. Stell Dir vor, Du sitzt auf dem Fahrrad, fährst recht entspannt 20 km/h schnell und wirst in einer halben Stunde bei Deinem Ziel ankommen. Jetzt setzt heftiger Gegenwind ein, welcher Dich abbremst. Damit Du trotzdem noch 20 km/h fährst, musst Du ordentlich in die Pedale treten, und das eine ganze halbe Stunde. Sicher wirst Du, sofern Du das Pensum überhaupt durchziehen kannst, erledigt und verschwitzt ankommen. Genauso ginge es dem Flugzeug, wobei hier das Problem nicht Schweiß, sondern der für eine höhere Leistung schneller verbrauchte Treibstoff ist. Das könnte am Ende des Fluges Probleme geben, denn das war so nicht geplant.

Klüger wäre daher zu prüfen, ob auf einer anderen
Flughöhe der Wind günstiger ist und auf diese zu steigen
oder sinken. Damit ist keine dauerhafte Erhöhung des
Schubs nötig (der geplante Treibstoff reicht aus) und eine
pünktliche Ankunft kann dennoch gewährleistet werden.

Der Übertrag auf die Abweichungen von Flughöhe
und Geschwindigkeit bei Deinem Lernflug fällt leicht:
Du hast Dir einen bestimmten Detailgrad (= Flughöhe)
vorgenommen und benötigst daher eine bestimmte Zeit,
um Dein Ziel zu erreichen (= Geschwindigkeit). Wenn
Du aus irgendwelchen Gründen nicht so schnell vorankommst wie geplant (= Gegenwind) – vielleicht, weil Dir
das Thema schwerer fällt als gedacht – kannst Du dem
nicht endlos zusehen. Du musst reagieren, weil Du sonst
nicht pünktlich zur Prüfung mit Deinem Stoff durch-
kommst. Erhöhst Du Deine Anstrengungen (= Schub)
– schläfst weniger, arbeitest mehr, machst weniger Pausen
– erreichst Du vielleicht Deine geplante Geschwindigkeit. Doch erinnere Dich an den Abschnitt „Fit bleiben
hat Priorität" aus Kap. 2. Das Lernen ist ein Marathon
und kein Sprint. Wenn Du den nötigen Schub nur durchhalten kannst, wenn Du Dir schadest (= Tank leer), hast
Du nichts gewonnen.

» Überprüfe lieber, ob Du mit
einer niedrigeren Flughöhe (also
weniger Details, aber dafür mit
allen Kapiteln und ausgeruht)
ebenso oder sogar besser für die
Prüfung gewappnet wärst.

Wenn Du überzeugt bist, dieses Fach braucht den Detailgrad, überprüfe Deine anderen Module. Kannst Du hier die Flughöhe etwas senken und Dir so Zeit freischaufeln?

Du musst als Pilot in Command eine Entscheidung treffen. Es ist vollkommen okay, Dich für die Schuberhöhung zu entscheiden, wenn Du genügend Treibstoff hast, um das durchzuhalten. Genauso okay ist es, die Flughöhe dieses oder eines anderen Projekts anzupassen. Genauso okay ist es, die Verspätung zu akzeptieren, wenn andere Optionen nicht möglich sind oder Du sie nicht wählen möchtest. Ist das letzte Kapitel des Lehrbuches wirklich relevant für die Prüfung oder ist es egal? Lässt sich die Ankunftszeit nach hinten schieben, indem Du einen Nachschreibetermin wählst?

Wir haben uns nun mit der Grundhaltung beschäftigt, die Dir im Lerncockpit in widrigen Situationen nützt und Dich auf Erfolgskurs hält. Du hast Dich detailliert mit den Parametern Deines Lernfluges beschäftigt, warum es wichtig ist, sie zu überwachen und wie Du auf Abweichungen reagieren kannst.

Jetzt schauen wir uns konkrete Anlässe für unrunde Lerntage an und welches „Abnormal Procedure" ich in diesen Fällen befolge.

9.3 Bestimmte Situationen

Die folgenden Probleme entstehen oft, wenn etwas in der I'M SAFE-Analyse (siehe Kap. 2) vor der Lerneinheit nicht hingehauen hat. Wenn Du dehydriert startest, wird sich das über kurz oder lang in Unkonzentriertheit, Erschöpfung und, darauf aufbauend, schlechter Laune niederschlagen.

> » Es sei also vorweggenommen, dass Du über eine gute I'M SAFE-Analyse oft verhindern kannst, dass Du überhaupt in diese Situationen gerätst.

Falls das (nur menschlich) mal nicht hingehauen hat, nützt (voriger Abschnitt) das Jammern darüber auch nichts. Packen wir das Problem lieber an. Wir kriegen das hin. In Abb. 9.1 findest Du als Zusammenfassung zu jedem folgenden Abschnitt eine kurze Checkliste.

9.3.1 Krank?

Wir sind uns einig, dass sich eine Krankheit am besten im Bett und durch Ruhe auskurieren lässt. Lieber ein paar Tage Pause statt ein paar Wochen Sparflamme.[1] Bei schweren Krankheiten sorgen die Symptome ohnehin dafür, dass der/die Kranke keine andere Wahl hat.

Es gibt aber auch kränkliche Zustände, die sicherlich Bettruhe begrüßen würden, über die Du aber mit Willenskraft „drüber arbeiten" kannst. Ob das sinnvoll, gesund und zu verantworten ist (Verschlimmerung der Krankheit, Auslösung neuer Krankheiten), musst Du für Dich entscheiden.

---

[1] Erinnerst Du Dich an die Vorteile von konsistentem Arbeiten? Einer war, dass Auszeiten für den Gesamterfolg nicht so sehr ins Gewicht fallen.

KRÄNKLICH?

LERNSTOFF ..... UNWESENTLICHES IGNORIEREN
/ AUSSORTIEREN
KALENDER .... UNNÖTIGES ABSAGEN
PAUSENZEIT .... MAXIMIEREN
SCHLAFENSZEIT .... MAXIMIEREN

LÄUFT HEUTE NICHT?

I'M SAFE ANALYSE .... (ERNEUT) DURCHGEHEN
FOKUS .... AUF KLEINSTES NÄCHSTES ZIEL

UNTERFORDERT?

UMGEBUNG .... BELEBTERE AUFSUCHEN
MUSIK .... AKTIVIERENDERE AN/WÄHLEN
FRISCHLUFT .... EINATMEN
BEWEGUNG .... AUSFÜHREN

ÜBERFORDERT?

UMGEBUNG .... RUHIGERE AUFSUCHEN
/AUFRÄUMEN
MUSIK .... AUS / ENTSPANNENDE(RE)
HANDY .... VERSTECKEN
SCAN DURCH ALLE SINNE .... AUSFÜHREN

Abb. 9.1 Beispiele für Abnormal Checklists beim Lernen

Hier verlässt uns die Parallele zum Fliegen, denn natürlich gilt das nicht für den Flugdienst. Wer nicht fit ist (also nicht nur *nicht krank*), fliegt nicht. Da sind die Anforderungen aber höher als beim Lernen, mögliche Konsequenzen drastischer und Nicht-fit-fliegen sogar gesetzlich verboten.

Falls Du Dich kränklich zum Lernen entscheidest, solltest Du Dich von Teilen Deiner Pläne verabschieden und so (a) effizient arbeiten und (b) möglichst viel ausruhen.

Zur Effizienz: Ich will auf einen bewusst gesteuerten Notbetrieb hinaus. Du lernst für ein Fach etwas umfangreicher als für die Prüfung nötig? Dann ist jetzt der Moment gekommen, alles Unnötige über Bord zu werfen, indem Du fragst: Was brauchst Du *zwingend* für die Prüfung? Alle Karteikarten, alle Mindmaps, die dafür nicht relevant sind, werden ignoriert, am besten tatsächlich aussortiert.

Gibt es bekannte Klausuren Deines Professors, also weißt Du, dass Du mit der Kenntnis eines bestimmen Fragenpools solide bestehst? Vielleicht reicht es dann, diese Fragen auf Karten zu schreiben und zu lernen.

» Die Zeit, die Du gut arbeiten kannst, ist kraft Deines Kränkelns stark limitiert. Also verwende sie nur für Dinge, die einen Einfluss auf Deine Prüfung(en) haben.

Damit kommen wir zum Ausruhen. Alle Zeit, die Du nicht mit Arbeiten verbringst, solltest Du liegen und bestenfalls schlafen. Viele kleine Pausen sind dabei ebenso wichtig wie ein ausgiebiger Nachtschlaf. Das kannst Du wunderbar mit der Pomodoro-Technik kombinieren. Schlafe in allen Pausen oder mach mindestens die Augen zu. Auf diese Art und Weise habe ich es sogar einmal geschafft, die Erkältung nicht nur nicht zu verschlimmern, sondern trotz Prüfungsphase nach einigen Tagen wieder loszuwerden.

Du solltest alles nicht zwingend Nötige absagen. Kein Treffen am Abend, kein Feiern am Wochenende (auch nicht kurz und „nur zum Vortrinken"), keine Shopping-Tour. Deine Priorität sollte sein, Dich zu regenerieren.

9.3.2 Läuft's heute nicht?

Selbst wenn Du kerngesund bist – an manchen Tagen ist der Wurm drin. Alle drei Tastenanschläge vertippst, beim Trinken bekleckerst Du Dich, der lang ersehnte Kinofilm ist ausgebucht, Einkaufen musst Du, aber hast keine Lust. Schon erwähnt, dass Du nicht vorankommst und der Lern-stapel ewig hoch ist, obwohl Du schon seit Stunden am Lernen bist? Deine Laune auf einer Skala von 1 bis 10: -20.

» Immer, wenn etwas diffus nicht stimmt und läuft, hilft Dir das erneute Durchgehen von I'M SAFE (siehe Kap. 2).

Selbst wenn zu Beginn Deiner Lerneinheit alles wunderbar war, kann sich das im Tagesverlauf ändern. Oft fällt dann auf, dass Du an einem Punkt nachbessern solltest, um den Sand aus Deinem Getriebe zu bekommen. Bei mir ist schlechte Laune häufig ein simples Anzeichen dafür, dass ich etwas essen, einen halben Liter Wasser trinken und ein Powernap halten sollte.

Was ebenfalls möglich ist: Du verfolgst aktuell kein klares Ziel, spürst Dein Vorankommen nicht und bist auf tieferer Ebene frustriert, was sich in schlechter Laune und einem unrunden Tag äußert. Mark Manson (2019, S. 19) schreibt in *Everything is f*cked:* „Depressionen sind eine Krise der Hoffnung." In Anlehnung daran behaupte ich:

» **Lernfrustration ist eine Krise des Vorankommens.**

Du hast kein klares Ziel, auf welches Du Dich zubewegst oder Dein Ziel ist/scheint (noch) so weit entfernt, dass Du Dich ihm bei aller Anstrengung kein bisschen näher siehst als vor zwei Stunden.

Dafür gibt es eine Lösung: dir ein klares und nahe liegendes Ziel zu setzen. Stelle Dir die Frage „Was konkret möchte ich jetzt in diesem Moment erreichen?" Wichtig sind die Worte *jetzt* und *konkret.* Du hast ein smartes Ziel zu Beginn Deines Lernfluges definiert – wohin Du insgesamt willst, ist also klar. Auch Dein Ziel für diesen Tag (Tagesliste) ist bekannt. Aber was ist Dein Ziel für die kommenden drei Minuten?

Fass die Aufgaben klein. Du willst diesen Absatz verdichten, sodass Du ihn auf eine Karte schreiben kannst. Also, wie funktioniert das? Fertig. Du willst den nächsten Absatz auf eine Karte schreiben. Karte zur Hand? Gut. Fertig. Was kommt jetzt? Ah, der nächste Absatz. Den willst Du so verdichten, dass Du ihn auf eine Karte schreiben kannst. Also, …

Nach diesem Prinzip solltest Du vorgehen.

» **Bleib fokussiert und zwar immer auf Deinen nächsten, winzig kleinen Schritt in die richtige Richtung.**

Das gesamte Buchkapitel erledigt sich mit der Zeit automatisch.

Zählst Du hingegen nach jedem Absatz die restlichen Seiten des Kapitels und malst Dir aus, wie viel Arbeit Dich das noch kosten wird, bindest Du Dir Steine zum Mitschleppen an die Füße. Das kann schnell erschöpfen.

9.3.3 Unter- oder überfordert?

Boah, ist das langweilig. Dieses Kapitel ist einfach … Wo warst Du noch mal…? Ja, langweilig. Du liest seit einer gefühlten Ewigkeit, kannst Dir eh nichts merken und Deine Gedanken schweifen nach jeder Zeile ab. Am liebsten willst Du schlafen.

Boah, ist das stressig, Hilfe! Du wolltest nur einmal schnell – ja, gleich noch kurz die Antwort – auf Toilette und dieses Buchkapitel ist einfach nur – scheiße, warum bricht denn jetzt der Stift ab, das ist wirklich – wieso ist in der letzten Stunde eigentlich das Buchkapitel nicht kürzer geworden?

Zwei Zustände, recht gegensätzlich. Doch haben sie gemein, dass Du weit davon entfernt bist, eine gute Leistung abzuliefern und zu schaffen, was Du Dir vorgenommen hast. Sie haben gemein, dass ihre Auflösung mit Deiner *Aktivierung* zu tun hat: Wie aktiv, angeregt und „aufgekratzt" Du bist.

» Die *Yerkes-Dodson-Regel* besagt, dass wir unsere Top-Leistung bei **mittlerer** Aktivierung zeigen können.

Sind wir kaum aktiviert, schläfrig oder unterfordert, können wir (noch) keine gute Leistung bringen. Sind wir übermäßig aktiviert, wissen nicht, wo uns vor Stress und verschiedenen Anforderungen der Kopf steht, können wir keine gute Leistung (mehr) bringen. Die Kunst für optimale Leistung besteht darin, sich geschickt und bewusst in der Mitte zwischen Unter- und Überforderung zu positionieren.

» Bist Du unterfordert und schläfst halb ein, solltest Du für Aktivierung sorgen.

Setz Dich in eine belebtere Umgebung. Mach Musik an. Guck kurz (!) ein Video oder geh vor die Tür an die frische Luft, rede mit jemandem. Steht das im Widerspruch dazu, was ich über Fokus geschrieben habe? Nicht wirklich. Es kommt auf die Situation an und ob es Dich Deinem Ziel näherbringt oder davon entfernt. Abgesehen davon ist der Zustand, zu wenig um die Ohren zu haben, seltener als sein Gegenspieler, um den wir uns jetzt kümmern.

» Bist Du überfordert, solltest Du versuchen, Deine Aktivierung zu senken.

Hier bewegen wir uns in Richtung des Abschnittes zum Fokus aus Kap. 2. Die Grundidee ist Reizreduzierung. Das klingt drastisch, aber meint Dinge wie das Handy auf lautlos stellen und es in der letzten Ecke des Rucksackes zu vergraben. Sich weg von der schnatternden Gruppe von Kommiliton/-innen zu setzen. Musik auszuschalten oder auf eine zu wechseln, die Dir hilft, Dich zu fokussieren. Den Tisch aufzuräumen. Alle Fenster auf dem Laptop zu schließen, die nicht zu Deiner Aufgabe passen. Um anschließend wieder zu Dir und dem aktuellen Moment zurückzufinden. Dabei kann Dir die folgende Übung helfen.

» **Bei dieser achtsamkeitsbasierten Technik gelangst Du über die bewusste Wahrnehmung Deiner Sinne zurück in den Moment und zu Dir.**

Sie eignet sich wunderbar in Momenten der Überforderung und lässt sich gut mit der tiefen Bauchatmung (siehe Abschnitt zum Chairflying) kombinieren. Auch ohne Überforderung kannst Du Dich damit fokussieren, zum Beispiel zu Beginn Deines nächsten Pomodoro. Ich selbst mache sie fast jedes Mal, sobald ich mich im Cockpit hingesetzt habe, um von einem bekannten Ruhepunkt aus zu starten.

Wie funktioniert das Ganze? Konzentriere Dich zunächst auf fünf Dinge, die Du siehst, und benenne diese. Das kann ganz schnell gehen: Tisch, Kugelschreiber, Kaffeefleck, Bücherregal, Laptop. Dann konzentrierst Du Dich auf fünf Dinge, die Du hörst, und benennst diese: Klimaanlage, Stuhlrücken vom Nachbarn, eigener Atem, Auto vor dem Fenster, Rutschen der Hände über den Tisch. Anschließend konzentrierst Du Dich auf fünf Dinge, die Du mit Deinem Tastsinn wahrnimmst: wie

Dein Po auf den Stuhl drückt, Deine Hände auf dem Tisch liegen, der Tisch sich kalt anfühlt, Luft Deine Haare bewegt, Deine Füße in den Boden drücken. Wenn Du möchtest, kannst Du das noch mit Deinem Geschmacks- und Geruchssinn machen (mir gelingt das nicht wirklich gut).

Du bist durch die Reizreduzierung und diese Übung wieder im Hier und Jetzt und kannst mit größerer Ruhe erledigen, was Du Dir vorgenommen hast. Das Ganze kannst Du, falls es schneller gehen soll, mit jeweils ein bis drei Dingen machen. Mit mehr Übung wirst Du den resultierenden Fokuszustand intuitiver herbeiführen können, ohne explizit eine Anzahl an Dingen durchzugehen.

Wie ließe sich ein Kapitel zu Widrigkeiten und Schwierigkeiten besser beenden als mit dieser Übung für Gelassenheit und Ruhe?

Das Kapitel in Kürze

- Wann immer etwas schief läuft: Nimm einen tiefen Atemzug, schalte Deinen Kopf ein und reagiere ruhig und besonnen.
- Du hast sehr gut geplant. Jede Abweichung von Deinem Plan (Steuerkurs, Höhe, Geschwindigkeit) solltest Du anschauen: Entsteht hier ein Problem?
- Erinnere Dich an die I'M-SAFE-Analyse und vermeide mit ihr viele Abnormals beim Lernen. Du kannst sie erneut nutzen, wenn es „einfach nicht läuft".
- Bist Du gesundheitlich angeschlagen, solltest Du Dein Lernpensum gnadenlos reduzieren und möglichst viele Pausen machen.
- Indem Du Dein aktuelles Ziel möglichst kleinschrittig fasst, kannst Du Dir aus einem möglichen Motivations- loch heraushelfen.
- Manage Deine Aktivierung bewusst: Bist Du unter- fordert, sorge für mehr Action; bist Du überfordert, reduziere den Trubel und komm zurück zu Dir.

10

Thank you, take care, and bye bye

Wow, was für ein Flug, was für eine Reise. Ich hoffe, Du konntest einen Einblick über das Fliegen aus Sicht des Cockpits gewinnen und vor allem viel über Dein eigenes Lernen lernen. Ich wünsche mir, dass Du dieses Wissen erfolgreich anwendest, um all das zu erreichen, was Du möchtest. Du kennst jetzt das Handwerkzeug, um alle Deine Lernflüge erfolgreich, sicher und pünktlich ans Ziel zu bringen. Nach dem letzten Kapitel bereiten selbst gängige Schwierigkeiten beim Lernen Dir kein Kopfzerbrechen mehr.

Ich verabschiede mich mit fliegertypischem Gruß und wünsche Dir bei all Deinen Lernflügen *always happy landings.*

© Der/die Autor(en), exklusiv lizenziert durch Springer-Verlag GmbH, DE, ein Teil von Springer Nature 2022
Y. Steineker, *Die Piloten-Lernstrategie,*
https://doi.org/10.1007/978-3-662-64455-3_10

Literatur

Bloom, K. C., & Shuell, T. J. (1981). Effects of massed and distributed practice on the learning and retention of second-language vocabulary. *The Journal of Educational Research, 74*(4), 245–248.

Bohn, R., & Short, J. E. (2012). Measuring consumer information. *International Journal of Communication, 6,* 980–1000.

Carpenter, S. K., Cepeda, N. J., Rohrer, D., Kang, S. H., & Pashler, H. (2012). Using spacing to enhance diverse forms of learning: Review of recent research and implications for instruction. *Educational Psychology Review, 24*(3), 369–378.

Duke, É., & Montag, C. (2017). Smartphone addiction, daily interruptions and self-reported productivity. *Addictive Behaviors Reports, 6,* 90–95.

GGK e.V. (o. J.). *Johannes Mallow aus Magdeburg ist neuer Deutscher Gedächtnismeister.* http://www.memomasters.de/aktueller-wettbewerb/archiv.html. Zugegriffen: 4. Aug. 2021.

Haugen, A. S., Søfteland, E., Almeland, S. K., Sevdalis, N., Vonen, B., Eide, G. E., Nortvedt, M. W., & Harthug, S. (2015). Effect of the World Health Organization checklist on patient outcomes: A stepped wedge cluster randomized controlled trial. *Annals of Surgery, 261*(5), 821–828.

Manson, M. (2019). *Everything is f*cked.* riva.

Otto, A. (2017). *So futtern Sie sich clever.* https://www.spiegel.de/wissenschaft/mensch/brainfood-diese-lebensmittel-steigern-die-lernfaehigkeit-a-1165519.html. Zugegriffen: 4. Aug. 2021.

Smith, S. M., Glenberg, A., & Bjork, R. A. (1978). Environmental context and human memory. *Memory & Cognition 6*(4), 342–353.

Techniker Krankenkasse. (2020). *Wie viel Wasser soll man trinken? Und wie soll man das schaffen?* https://www.tk.de/techniker/magazin/ernaehrung/trinken/wie-viel-wasser-soll-man-taeglich-trinken-2004796. Zugegriffen: 4. Aug. 2021.

Terry, P. C., Mayer, J. L., & Howe, B. L. (1998). Effectiveness of a mental training program for novice scuba divers. *Journal of Applied Sport Psychology, 10*(2), 251–267.

Ward, A. F., Duke, K., Gneezy, A., & Bos, M. W. (2017). Brain drain: The mere presence of one's own smartphone reduces available cognitive capacity. *Journal of the Association for Consumer Research, 2*(2), 140–154.

WHO. (2009). *WHO Surgical Safety Checklist*. https://www.who.int/teams/integrated-health-services/patient-safety/research/safe-surgery/tool-and-resources. Reproduced from Implementation manual WHO surgical safety checklist 2009, no Vol/edition number, unspecified author(s), Introduction, S. 4–5, Copyright (2009). Zugegriffen: 4. Aug. 2021.

Zimbardo, P. G., & Gerrig, R. J. (2008). *Psychologie* (18. Aufl.). Pearson.

Weiterführende Literatur

Allen, D. (2015). *Wie ich die Dinge geregelt kriege: Selbstmanagement für den Alltag*. Piper.

BLACKROLL (o. J.). *BLACKROLL*. https://www.youtube.com/user/BLACKROLLcom. Zugegriffen: 4. Aug. 2021.

Buzan, T. (2013). *Das Mind-Map-Buch*. mvg.

Center for Humane Technology. (2021a). *Ledger of Harms*. https://ledger.humanetech.com. Zugegriffen: 4. Aug. 2021.

Center for Humane Technology. (2021b). *Take Control*. https://www.humanetech.com/take-control. Zugegriffen: 4. Aug. 2021.

Eyal, N., & Li, J. (2019). *Die Kunst, sich nicht ablenken zu lassen: Indistractable – Werden Sie unablenkbar*. Redline.

Starrett, K. & Cordoza, G. (2019). *Werde ein geschmeidiger Leopard* (6. Auflage). riva.

Stenger, C. (2006). *Warum fällt das Schaf vom Baum?* Heyne.

Vranich, B., & Sabin, B. (2020). *Breathing for Warriors*. St. Martin.

Printed in the United States
by Baker & Taylor Publisher Services